说明文一传到位

王多明　编著

贵州出版集团
贵州人民出版社

出版说明

兴趣是最好的老师,知识的学习更是如此。如果学习者缺乏兴趣,阅读就将是一个枯燥无味的过程,轻松快乐的学习也就无从谈起。基于这样的事实,本着"兴趣阅读、快乐学习"的理念,我们经过深入调研,与国内的众多专家学者及一线教师全力合作,为所有希望将学习变得轻松愉快的朋友奉献上"快乐阅读"书系。

"快乐阅读"书系,以知识的轻松学习为核心,强调阅读的趣味性。它力求将各种枯燥无味的知识以轻松快乐的方式呈现,让读者朋友便于理解接受。它的各种努力,只有一个目标,即力图将知识学习过程轻松化、趣味化。读者朋友在阅读过程中,既能保持心情愉快,又能学有所得。在轻松愉快的氛围中学习,让知识学习成为读者朋友的兴趣,本身就是提高学习效率最有效的途径。

"快乐阅读"书系首批图书分为"语文知识"、"作文知识"、"数学知识"、"文学导步"、"文学欣赏"、"语言文化"、"个人修养"七大板块,各个板块之下又有细分。英语、生物、化学等相关的知识板块将会在以后陆续推出。针对不同学科知识的特点,本书系以不同的方式来达到轻松快乐的目的。要么是以故事的形式,在故事的展开之中融入相关知识;要么是理清该知识点的背景,追根溯源,让读者朋友知其然,更知其所以然,让理解更为轻松。总而言之,就是以最恰当的方式呈现相关的知识。

希望这套"快乐阅读"书系能陪伴每一位读者朋友度过美好的阅读时光。

编 者

2014 年 5 月

目　录

开卷交代

说明文是说明事物的情况或道理的文章。

在我们的学习、生活和工作过程中,说明文与我们休戚相关。人与人的交流,人在社会中学习、生活和工作,需要向别人,或别人要向我们说明的事和理,这样的事真是太多了,我们离不开说明文。

既然我们不可能远离说明文,那就认真地阅读、学习、探讨它,把说明文弄明白了,我们的学习、生活和工作就会更轻松、更幸福和更愉快。

说明文的种类很多,从古代文章到现代文体,细分也有上百种,大体上每一种说明文都有自己的写作要求。学习和练习写作说明文,要了解说明文与记叙文、议论文的区别,按不同类别的说明文的要求进行写作,就能写出规范的说明文。为了说明的需要,我们会在一篇文章中,使用多种表达方式和修辞,使说明文更加具有文采,更能让读者在愉快的心情中看明白我们要说明事物的情况或道理。

写作说明文能力的提高,需要正确方式指导下的训练。多读、多思,在区别不同表达方式的情况下,做各种写作训练,在基础说明文写好后,再考虑增加其他的表达方式和语言修饰成分。

学校的集体学习,为我们提供了集体讨论,开展写作竞赛的环境,教师和学生是"同一战壕中的战友",共同为学习知识和提高能力一起努力。教师和学生应该是学习活动中相互照应的朋友,在先学帮后学的过程中,在知识传递和能力提高的过程中,师生间的朋友关系,能消除多种障碍,使学习活动取得比较好的效果。

这本《说明文一传到位》,向读者介绍了老师朋友从生活中的胜景,

引导学生朋友进入学习中胜景的故事,可以使读者在轻松愉快的阅读中,了解他们的学习活动过程。老师和学生以朋友的关系认识、探讨说明文,深究读懂,写作训练,修改提高,在进行多种说明文写作比赛的学习活动中,引导同学们提高了写作说明文的能力。

学习的目的在于应用,我们的生活也确实离不开说明文,既然离不开,我们就亲近它,学好它。

引　子

五招教你一传到位

坏天气,让人不能出门旅游,师生两朋友在欣赏广告式说明文中,讨论说明文的基本概念,让人在神游中体会说明文。

好文章,古今中外皆有,写作说明文能让人明白事物和事理,分析说明文的初始定义,使人从明白中写出说明文,学习如此便当。

说好了要去看"金海雪山"的,可是,天一下子就变得阴沉起来。

旻宏望着窗外厚厚的云层,心烦意乱,拨打手机,发短信给他的老师朋友。"南边有雨,去西边?"不一会,收到短信,"西边来电,也有雨。"回短信"?""??"。

老师朋友发来一篇文章和一组照片,让烦躁不安的旻宏静下心来。

旻宏的这位"老师朋友",本来是老师,因两人关系特别,渐渐变成朋友了。

正值油菜花在坝子里盛开的时候,周围山坡上的李子花凑趣地怒放着。不知哪位艺术家,把这美景称为"金海雪山"。消息传开,前来观赏的游客络绎不绝,这里便成了许多人向往的旅游景区了。今天休息,旻宏的心早已神往,天公不作美,好在"老师朋友"在手机

旻宏

说明文一传到位

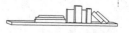

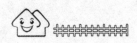

上发来短文章和一组照片,让这位初中学生网游了一番。

看罢老师朋友的短文章和照片,旻宏拨打手机,直接与对方通话。"老师朋友,你的说明文太精彩了,让我暂时放弃了到现场体验'金海雪山'的念头,却增加了与你见面的期待。你能来我家吗?"

"来,我们一起畅游'金海雪山',怎样?"

老师朋友去年到过"金海雪山",拍下了许多照片。今天,他专为这位学生朋友写了段导游词式的说明:

阳春三月菜花开,万亩金黄迎面来,遍坡李花镶边上,天上美景落人间。贵定县盘江音寨河两岸,万亩金黄的油菜花与千顷雪白的李子花同期开放,一幅彩画"金海雪山"尽收眼底。

每至春分,远山近峦,满坡绽开雪白纯洁的李花,恰与音寨河两岸满田满坝金黄油菜花形成鲜明对比,房前屋后粉红色桃花点缀,翠绿色的树丛衬托打底,布依山寨隐现其中,绚烂的色彩,旖旎的景致,华丽的气质,绘画出了"金海雪山"的奇景。

老师朋友和学生朋友相遇了。他们把相约去"金海雪山"旅游,变成了一番旅游景点说明文的讨论。而这仅仅是一个开始,正是通过多次与老师朋友的讨论,学生朋友掌握了说明文的基本知识和写作技巧,学会了"说明文一传到位"的五招。

第一章

与说明文亲密接触

——第一招,认识说明文

老师和学生见面后,老师朋友拿出一篇介绍英国伦敦威斯敏斯特教堂的说明文。

"这是一篇写作年代和我年龄相仿,获得1958年国际广告大赛奖的英国旅游协会的广告。你想去英国旅游,这是一篇导游说明书。你念给我听听。"学生朋友一板一眼地念下去:

轻轻地蹚过历代君王们漫长的沉睡。

伦敦威斯敏斯特大教堂中的亨利七世小教堂里,历代英皇——亨利七世、伊丽莎白一世和苏格兰的玛丽女皇都下葬于此。有22代帝王都曾在这里接受加冕典礼。

在英国,这样著名的大教堂有30个,每座教堂都是一件独树一帜的艺术珍品。在你访问英国时至少要来参观一所教堂,免得虚此一行。

备有介绍英国教堂的彩色导游册,函索即寄。

英国旅游协会

"老师,这篇说明文,好在哪里? 为什么会得奖呢?"
老师朋友说:"这则广告被评为国际广告大赛奖,主要是在写作上抓住了读者的探寻欲、求知欲。短短 180 字，把伦敦著名教堂的旅游价值作了介绍，还兼顾其他的 30 所教堂，提醒大家，访问英国，至少要参观一所教堂，免得虚此一行。读了这则广告，很多人都会打消不去参观的念头。"

"老师，你也想到英国去参观教堂?"

"你说呢?"

老师毕竟是老师，没有直接回答学生的提问，继续说:"说明性旅游散文，中国古已有之。郦道元写的《水经注·三峡》，徐霞客写的《徐霞客游记·游滇日记》，都是经典的说明性旅游文章，被称为最后一位士大夫的汪曾祺写的《岳阳楼记》也是说明性旅游好文章。他们以记录说明旅游地的地形、地貌、时令、动植

老师朋友

物、民俗、景观、历史，以及成因等，为写作侧重点写出的旅游文章，真是值得我们细细品味的。《竹器竹趣》是一篇介绍贵州赤水市的说明性旅游散文，也值得一读。"

这些以说明为主的旅游散文，确实能为旅游景点产生广告传播的作用。

老师朋友说，广告的主要目的是向别人诉说请求，是考验写作者水平的说明文，写作中要语言精练，几秒钟内就能抓住读者或听众。

"你还不知道，中国和外国的许多文学名家，都动手写过说明文式的广告。"

"朋友"，学生此时把"老师"二字省掉了，接着又补充道:"老师，我在一本《趣味广告》中，看过鲁迅、老舍写的推销他们自己写的书的广告;杜甫开中药铺，写过对联广告;诗人闻捷写过卖电灯泡的广告;前苏

联的诗人,马雅可夫斯基写过卖肥皂的广告。"

"你记得的真不少,今天给你介绍两位古人写的食品广告。"

"是旅游食品吗?"

"也算是吧,至少是特色食品。在旅游地出售,不就是旅游食品了吗?"

老师朋友说,宋代大学士苏东坡在谪居海南岛儋县时,曾经为一位卖油炸馓子的邻居老妇人写过一首广告诗:

纤手搓来玉色匀,碧油煎曲嫩黄深。
夜来春睡知轻重,压匾佳人缠臂金。

这短短的 28 个字,写出了馓子的加工过程,活脱脱地描绘出了馓子的色、香、脆。油炸馓子至今仍是被人们喜爱的食品之一。这则广告历时近 900 年,今天仍被写进教材中,让人们景仰和效法,是不是可以说明,写得妙的说明文,能永葆艺术魅力呢?

还有明代的苏平,曾写过一首豆腐诗,从广告角度看,新颖别致,与今日俗气十足的广告相比,真不可同日而语。

传得淮南术最佳,皮肤褪尽见精华。
一轮磨上流琼液,百沸汤中滚雪花。
瓦灌浸来蟾有影,金刀剖破玉无瑕。
个中滋味谁得知,多在僧家与道家。

"这首广告诗式的说明文,把豆腐的生产过程极其形象地、细致地刻画出来。从豆子浸泡褪去表皮,到磨浆、煮豆浆,到切开豆腐,吃上豆腐,比喻贴切、生动。作者精妙的构思,读后情趣盎然,全诗未提'豆腐'二字,然而,每句都突出了豆腐的品格与质量,读了以后,可以让人从审美中获得豆子变豆腐的知识。如果作者苏平不懂得豆腐的生产过程,他

说明文一传到位

能表达得这样绘声绘色?"

"当然不会。"学生朋友赶紧回答。

本来要出去看"金海雪山"的,天公不作美,计划改变了,这位老师朋友,真会抓机会,将课本中没有的文章,语文老师没有讲过的例文,一下子讲了许多个。学生朋友耐心地听着,想得到更多的东西,以后在与同学们讨论时,可以有更多插话的资本,让同学们"另眼相看"。

老师从这位忘年交朋友的眼神中,探视出他的愿望,就说:"我们还是来讨论正题吧,从说明文的概念出发,走一条一是一,二是二的路子。"

"什么是说明文呢?"老师朋友作了一下停顿,然后说:"我们讲的说明文,是指介绍事物的形状、构造、类别、关系、功能,解释事物的原理、含义、特点等,给人们以知识的一种文章体式。说明文是以说明为主要表现方法,说明事物、阐明事理的文章。"

"有些辞书说,说明文是为说明某一问题或解释某一事物,让人了解其情况的一种公告性应用文。一般来说,要写明问题或事物的概况、性质等等,有时还需要向读者表明态度、提出想法、希望和要求。"

"老师,说明在写作中是一种表达方式,对吗?"

"是的,说明是文章写作中的五种表达方式之一。这五种表达方式是:叙述、描写、抒情、议论、说明。"

"说明是用简明朴实的文字,将事物的性质、特征、状态、功能、成因、发展等,解说、介绍出来,使人获得有关信息和知识的一种表达方式。'说明'这种表达方式,具有科学性、客观性、知识性等特点,这些特点正好用来介绍商品和劳务信息。所以,用说明为主要表达方式的广告,在广告中要占多数。

"以说明为主要表达方式的文章,叫说明文。说明文在文体中是一个大的类别,它包括许多文种,如辞书、教科书、科普说明文、商品说明书、展览解说词、旅游导游词等等。

"说明体广告,也是一种说明文。说明体广告,是以说明为主要表达方式的广告;也可以说,是以说明为表达方式,传播广告主的信息的广告。

"说明体广告,又称说明式广告,或广告说明文。如《报刊文摘》曾刊登的说明体广告,题为《××大学新闻学院公共关系学函授招生》。"

老师朋友讲到这里,他说:"我来读一下。"

××大学新闻学院公共关系学函授招生

公共关系学是一门新兴的学科,对您树立良好形象,正确处理各种关系很有帮助。

本期函授以教授专家撰写的 80 余万字的教材和辅导材料为主,分期函授,指导学习。由专门老师布置作业。逐一批改,回答咨询。

中学以上文化水平的学生、工人、军人及企事业单位机关工作者均可报名学习。

每年 2 月开学,学期半年。

每人收费××××元(含一切费用)。

经开卷考试,成绩合格者,由复旦大学成人教育学院颁发单科合格证书。

地址:××大学新闻学院公关函授班收。(简章备案)

这份广告的主要表达方式就是说明。换句话说,这是以说明文为载体,传播复旦大学公共关系学函授招生的信息。由于运用说明的方式,广告写得简明、朴实、客观、冷静、具体、有条不紊,它告诉读者,公共关系学是一门什么样的学科,有什么作用;函授的教材、学习方式是怎样的,以及什么人可以报名;什么时间开学、学费多少;怎样考试、报名等等事项,说得十分清楚、明白。

说明体广告的长处是文字简短,朴实无华,受众易于理解、掌握。

写说明体广告应该注意以下几点:一是说明要客观、准确;二是文字

要简明、易懂,遇到多数受众不熟悉的专业术语,要作适当的解释;三是次序要清楚,条理要井然;四是内容要全面、具体。

写说明体广告,也可以少量运用描写、议论、抒情、叙述,使广告文生动活泼,但必须以说明为主,否则就不能称其为说明体广告了。

说明作为表达方式,在说明事物时,又有多种具体方法,如下定义、做诠释、举例子、作比较、用数字、绘图画等。这些说明的方法,在说明体广告中,都可以运用。在其他内容和形式的说明文中,使用这些方法,能使说明文更加生动。

"老师,用说明写广告,会不会让人觉得呆板,缺乏煽动性呢?"

"哟,你小子也懂得广告要煽情,鼓动受众接受你的建议和意见,让他们被唤起来的希望变成需求啊。"

"说明文式的广告,少用描写、议论、抒情和叙述,是不是就不生动了呢? 请你看看这篇世界公认的,美国广告大师,大卫·奥格威在上个世纪60年代写的一篇说明式的推销汽车的广告。"

"老师,你说的是'劳斯莱斯'汽车的广告吗? 我在爸爸的书桌上已看过了。"说完,快步走进房间,拿出一张广告。

大卫·奥格威亲自动手写的广告文案:

"这辆新型'劳斯莱斯'在时速六十英里时 最大闹声是来自电钟"

"什么原因使得'劳斯莱斯',成为世界上最好的车子?"一位知名的"劳斯莱斯"工程师说:"说穿了,根本没有什么真正的戏法——这仅不过是耐心地注意到细节。"

1.行车技术主编报告:在时速六十英里时,最大闹声是来自电钟。引擎是出奇的寂静。三个消音装置把声音的频率在听觉上拔掉。

2.每个"劳斯莱斯"的引擎在安装前,都先以最大气门开足七小时,而每辆车子都在各种不同的路面试车数百英里。

3."劳斯莱斯"是为车主自己驾驶而设计的,它比国内制造的最大型车小十八英寸。

4.本车有机动方向盘,机动刹车及自动排档,设易驾驶与停车,不需司机。

5.除驾驶速度计之外,在车身与车盘之间,互相无金属之衔接。整个车身都加以封闭绝缘。

6.完成的车子要在最后测验室经过一个星期的精密调整。在这里分别受到九十八种严酷的考验。例如:工程师们使用听诊器来注意听轮轴所发的低弱声音。

7."劳斯莱斯"保用三年。已有了从东岸到西岸的经销网及零件站,在服务上不再有任何麻烦了。

8.著名的"劳斯莱斯"引擎冷却器,除了"亨利·莱斯"在1933年去世时,把红色的姓名第一个字母R改为黑色外,从来没更改过。

9.汽车车身之设计制造,在全部十四层油漆完成之前,先涂五层底漆,然后每次都用人工磨光。

10.移动在方向盘柱上的开关,你就能够调整减震器以适应道路状况。(驾驶不觉疲劳,是本车显著的特点。)

11.另外有后车窗除霜开关,控制着由1360条看不见的在玻璃中的热线网。备有两套通风系统,因而你坐在车内也可随意关闭全部车窗而调节空气以求舒适。

12.座位垫面是由八头英国牛的皮所制——足够制作128双软皮鞋。

13.镶贴胡桃木的野餐桌可从仪器板下拉出。另外有两个在前座后面旋转出来。

14.你也能有下列各额外随意的选择,像是:做浓咖啡(Espresso Coffee)的机械、电话自动记录器(Di9tating machine)、床、盥洗用冷热水、一支电刮胡刀等。

15.你只要压下驾驶者座下的橡板,就能使整个车盘加上润滑油。

在仪器板上的计量器,指示出曲轴箱中机油

16. 汽油消耗量极低,因而不需要买特经济。

17. 具有两种不同传统的机动刹车,水力制动器与机械制动器。"劳斯莱斯"是非常安全的汽车——也是非常灵活的车子。可在时速八十五英里时宁静地行驶。最高时速超过一百英里。

"At 60 miles an hour the loudest noise in this new Rolls-Royce comes from the electric clock"

18. "劳斯莱斯"的工程师们定期访问以检修车主的汽车,并在服务时提出忠告。

19. "班特利"是"劳斯莱斯"所制造。除了引擎冷却器之外,两车完全一样,是同一工厂中同一群工程师所制造。

"班特利"因为其引擎冷却器制造较为简单,所以便宜三百美元。对驾驶"劳斯莱斯"感觉没有信心的人士可买一辆"班特利"。

价格:本广告画面的车子——在主要港口岸边交货——＄13,550美元。

假如你想得到驾驶"劳斯莱斯"或"班特利"的愉快经验,请与我们的经销商接洽。他的名号写于本页的底端。

劳斯莱斯公司　纽约　洛克斐勒广场十号

喷射引擎与未来

某些航空公司已为他们的"波音707"及"道格拉斯DC8"选用了"劳斯莱斯"的涡轮喷射引擎。"劳斯莱斯"的喷射螺旋桨引擎则用之于"韦克子爵机","爱童F-27"式机及"墨西哥·湾圭亚那"式机上。

在全世界航空公司的涡轮喷射引擎及喷射螺旋桨引擎,有一半以上是向"劳斯莱斯"订货或由其供应。

"劳斯莱斯"现有员工四万二千人,而本公司的工程经验不局限于汽车及喷射引擎。另有"劳斯莱斯"柴油发动引擎及汽油发动引擎能作许多其他用途。

本公司的庞大研究发展资源正从事对未来作许多计划工作包括核子及火箭推进等。

附记:像这种以事实所作的广告比过度虚张声势的广告更能助长销售。你告诉消费者的愈多,你就销售得愈多。请注意,这个广告中非常长的标题以及七百一十九个英文字的文案,全都是事实。

大卫·奥格威

"老师,这篇说明文广告,我爸读了许多遍。'买不起劳斯莱斯,读一读这种实实在在的广告,也是一种享受。'我爸曾这样说。"

"是啊,写得好的说明文广告,实在不多。这种类似新闻报道式的广告,叫理性诉求广告,按写说明文的要求,实实在在地把广告的内容诉说出来。"

"老师,我们读的教科书上说:说明文是客观地说明事物、阐明事理的一种文体。写作说明文的目的是给读者以科学的知识、科学地认识事物的方法。"

"是啊,写作说明文,目的是告诉别人一件事,不说明白,不说清楚,那成吗?"

"老师,我们学习说明文,但看到的许多说明文又称为说明书,那是怎么回事呢?"

"说明文与说明书,是两个名称一回事。刚才不是说了吗,说明文是一大类文章的统称,是文章的分类,现在,谁也说不完,说明文有多少种。说明书是其中的一部分,在说明书三个字的前面,往往要加上某某

说明文一传到位

说明书,比如,面包机使用说明书,藿香正气口服液说明书。"

"老师,你刚才说的,说明文是一种文章体式,是不是上课时,余老师说的文章体裁样式?"

"是啊,中国是文章大国,仅从文章的体式数下来,从古到今,已有上千种之多。贵州省写作学会1992年组织了几十位专家,花一年时间,编印了一本厚厚的《千种文体写作》。"老师的话还没说完,好插嘴的学生朋友(面对这位教师朋友,用不着举手)张口就说,"我在你家看过的那本,我要用两只手才能捧得起,才拿得动。啊,对了,好像书中有你的名字,是什么主编来着?""是最后一位副主编。""对,对。是在书的第一页后面。老师,你看我的记性不差吧!"

"你问的说明文,是千种文体中的一大类文体。我们先说说'文章体式'吧。"老师稍停了一会,理了理他茄克便服的衣领。"衣服式样的名称你是懂的。这种衣服式样叫茄克,你今天没上学,但穿的是运动式的校服,T恤是一种大类的样式,有各种各样的T恤衫,还有中山装、干部服、对襟唐装,它们各有各的式样。"

"老师,你慢点说,我姐姐穿的里面长,外面短,后面长,前面短,左一块长,右一块短的衣服叫什么装呢?"

"你这小子,脑子太灵光,我用天天要穿的衣服给你打比方,让你懂得什么叫体式,然后再懂得文章体式的规定,写出符合文体的文章。"老师歇口气说"你想到哪儿去了,街上那么多奇装异服,都叫什么体式,真把我难住了。要不,这样,你去问问你姐姐,她穿的那一件外衣叫什么体式。我估计她也不一定能说得上来。"老师赶快收住话题,"好啦,别打岔了。我们继续说我们的说明文吧。"

不待老师说下面的话,旻宏又插进话来,"老师你说,刚才你讲的那些篇广告是说明文,有什么理由啊?"

老师一想,反正今天有时间,学生愿意学,好,让我给他详细谈谈。

"广告,是不是说给别人听的?"

"是啊,不说我咋知道。"

"要让你听明白，让你对广告内容感兴趣，是这样吗?"

"那还用说。广告说不明白，不是白说了吗?"

"所以，写给别人听的，写给别人看的广告，本身就具有说明文要求的'介绍事物的形状、构造、类别、关系、功能，解释事物的原理、含义、特点等，是给人们以知识的一种文章体式'。你看'劳斯莱斯'的广告是不是符合这条定义? 苏东坡写的油炸馓子的广告，是不是把馓子的加工过程，描绘出来了呢? 炸出的馓子的色、香、脆跃然纸上，引人流口水啊。"老师做了一个吞口水的动作，接着说，"苏平写的豆腐诗，就是为卖豆腐做的广告。这首广告诗，就是一篇标准的说明文，把豆腐的生产过程全'说'出来了，从豆子浸泡褪去表皮，到磨豆浆煮豆浆，到切开豆腐，吃上豆腐。全诗没有写出'豆腐'二字，然而，确实写出了豆腐的品格与形状，读了以后，让人了解了从泡豆子到做成豆腐的知识。这篇古人写的诗体广告，就是一篇说明文。"

"老师，你在夸我们古代的写作大师。你刚才说，英国旅游协会的货真价实的广告，为什么也称为说明书呢?"

"问得好! 四川大学出版社1988年7月出版的《中国语文文体词典》，这样解释'说明书'，'说明书是说明某一问题或解释某一事物，让人了解其情况的一种公告性应用文。一般都要写明问题或事物的概况、性质等，并向读者表明态度，提出想法、希望、要求。如排印书籍时写的出版说明，以及产品的说明书。特别是产品的说明书，不但要写明成分、性能、用途，使用和保养方法，有的还要说明保修和包换。'你看，为伦敦的威斯敏斯特大教堂写的广告，是不是解释某一事物，让读者了解情况的一种公告性应用文，向读者表明欢迎的态度，提出访问英国时，至少要参观一所教堂，免得虚此一行。还说明需要介绍英国教堂的彩色导游册，函索即寄。"

"慢点，慢点。老师，你说说，这个'函索即寄'是什么意思啊?"

"你又打岔了。好吧，好吧! 我又来为你解释什么是'函''索''即寄'。"

说明文一传到位

老师朋友略加思索,把刚才分析说明文的概念拉回来,解释起"函索即寄"了。

"小朋友,你听好了,'函'同说明文一样,也是一种文章的体式。它是两个没有上下级关系,我们叫他不相隶属的部门或单位,为商量工作,询问和答复问题的时候,写作的一种文体。有为办公事而写作的公函,要按公文格式来写作,今天就不给你讲了。还有日常用的便函,像介绍信、慰问信、贺信等,再就是私人交往的信函,如留条,你肯定写过。我记得,上上周,你到我家,我没在,你取走我书架上的《写作趣谈》,你留下几句话,这张借条,就是留言条。"

"是,是,是。还是铅笔写的哩!"

"这函索即寄的'函'是指你写一封信给英国旅游协会,索要介绍英国教堂的彩色导游册,他们就会给你寄来。'索'是要,索取,要一本彩色导游画册。"老师停了一下,等这位朋友提问哩。稍停了一会儿,老师继续说:"你看人家多会做广告,买一本彩色画报至少几十元钱,还没算邮寄费哩。"

"好,好,好。等我们俩要去英国旅游前,写封信给英国旅游协会,等着'函去便寄来'。"

"我们还是继续讨论说明文,好不好?"

"当然,当然。OK,OK。"

老师再次把思路拉回来,"中国古代文化人,外国的旅游协会的广告,美国广告大师写的说明文式的广告例子都讲了。还是回到'金海雪山'的话题。"

"老师,你发给我的短信,我再打开手机,欣赏老师你写的说明文。"

"不是我写的说明文。原创是贵定县旅游局,或者是贵定金海雪山旅游公司。我把原文压缩了一半,一来发短信要短,二来是原文太啰嗦,你这位初中学生也会缩写,我只是缩写,不是我的原作。"

"'阳春三月菜花开,万亩金黄迎面来,遍坡李花镶边上,天上美景落人间。'这四句是我的创作。前两句交代了时间、地点,用一个有动感的'迎'字,写出了不是我走进金黄的油菜花大坝子里,而是万亩金黄色的油菜花迎面走来。第三句状物——描写金海上的坡地全被雪一般的李花遮盖了,为金黄的大坝子镶上银色花边。这是人们辛勤劳动的成果,装点了自然的美景,好似仙景降落在这片使人心旷神怡的大地上。"

"老师,这四句是说明文吗?"好插嘴的学生忍不住要打岔。

"是啊,是介绍什么是金海雪山,什么时间才会出现这种现象,出现金海雪山的大体画面,突然闯入这一美景的人,心里会怎样想。"

"在湖南教育出版社 1988 年 11 月出版的《中国文体学辞典》中,解释'说明文'时说,说明文是'指介绍事物的形状、构造、类别、关系、功能,解释事物的原理、含义、特点等给人们予知识的文章。即以说明为主要表现方法来说明事物、阐明事理的文章'。这些解释和四川大学出版社的《中国语文文体词典》解释很相近。在四句话中,有金海雪山的形状、构造,给人们解释这块大坝子和紧挨的近山,为什么叫金海雪山。"

"啊,啊。OK、OK。是说明啊。"

"每至春分,远山近峦,满坡绽开雪白纯洁的李花,恰与音寨河两岸满田满坝金黄油菜花形成鲜明对比,房前屋后有粉红色桃花点缀,翠绿色的树丛衬托打底,布依山寨隐约其中,绚烂的色彩,旖旎的景致,华丽的气质,绘出了'金海雪山'的奇景。这一段具体说明金海雪山所在地,金黄、雪白、粉红与翠绿和布依山寨新

昊宏与老师交流

农村的房舍,绘制出了够人品味的美景,这里的说明的表达方式,以说明为主,间有叙述、抒情和描写。在《千种文体写作》'说明文'这一条中说:'纯粹的说明是为数不多的。'"

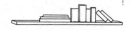

说明文一传到位

"对,对。这段介绍金海雪山的文字,是以说明为主的短文章。老师,你老兄太有才了。"学生一兴奋,又与老师称起"哥们兄弟"。还手拍老师肩头,就差伸手摸老师的脸了。

老师朋友看学生学习兴趣正浓,就说:"旻宏啊,说明文是以说明为主的文章,因而有很多种,前面冠以说明文。"

"老师,你慢点说,你看我能不能举出三种以上的说明文来。"

"好啊,你说说看。"

"比如,科技说明文,旅游说明文,体育说明文,还有,还有……"

不待学生说完,老师说,"说明文有几十种,在生活、工作的许多方面写出的文章,都可以算作是说明文。"

"老师,是不是以说明为主要表现方法来说明事物、阐明事理的文章,都是说明文?"

这小子就爱插嘴。老师说:"说明文还有一定的写作目的。"

"是不是'指介绍事物的形状、构造、类别、关系、功能,解释事物的原理、含义、特点等给人们予知识的'?"

"是啊,是啊!今天,我还要告诉你,写作说明文要注意些什么。"

"是不是写作要求啊?"

"是的。你注意听啊,别老打岔啊。"

老师喝了一口水,慢慢咽下去。接着说:"写作说明文要注意:第一,直奔主题,简明扼要;第二,表述直观,精准恰当;第三,概念正确,判断恰当;第四,客观公正,实事求是。"这一板一眼的叙说,让学生赶快拿出笔来,让老师再把这一、二、三、四讲一遍。

"好,我再说一遍。"

老师正说着,门铃响起来了。旻宏忙不迭

旻宏妈妈买菜归来

去开门。原来是妈妈买菜回来了,帮妈妈接过袋子,走进客厅,把菜放进厨房。

妈妈已经听儿子说,老师朋友在家里,一进客厅,就说:"老师在啊,正好,请你吃饭,旻宏他两个阿姨要来,请你一道吃饭。"

听见请吃饭,老师忙说:"不啦,我家里正忙着,我是来安慰旻宏去不了'金海雪山'才陪他说说话的。我走了啊,学生朋友。"

待旻宏放下手中的菜,来到客厅,老师已经出门走了。

说明文的概念

说明文是以说明为主要表达方式来说明事物、阐明事理的文章。是一种介绍事物的形状、构造、类别、关系、功能,解释事物的原理、含义、特点等,给人们以知识的文章。它与记叙文、议论文、应用文、文学文同列为文章分类中的五大类之一。

叙述、描写、抒情、议论和说明这五种表达方式,各有不同用法。文学类文体和实用类文体都要用到这几种表达方式。这五种表达方式,在文学作品中和实用文章中都要用到,这是它们的共同点;不同的是,文学作品以叙述、描写、抒情为主,实用文章以叙述、议论、说明为主。面对不同的文体,要根据表达的需要,有所侧重地运用这五种表达方式中的一种或几种综合运用。

说明文的概念,表明了它有以下功能:

说明文首先是有实用性,写作的全部目的在于达到实际有用的目的。

说明文具有科学性,写作要准确,实事求是地表达清楚要说的事或理。

说明文应该具有条理性,它能让读者按说明介绍——实施操作不越矩。

第二章

从药品说明书看说明文写作
——第二招，不可忽视写作要点

在商品同质化的今天，要写出一篇让人懂，让人爱，让人不会吃错药的药品说明书，也确实不容易。

不要畏惧写说明文，说明文写作的目的为使读者接受，使人按说明办事，只要按说明文的写作要求不逾矩，好文章自然出。

"你爸又犯病了，快找施达舒来！"

门被推开，小朋友领进一位中年人，"四大叔来了。"

妈妈说，"不是你四大叔，是找施达舒胃药。"

这则电视广告，流传已久，算是深入人心了。

这天，旻宏的爸爸犯病了，躺在床上，需要找胃药，外婆挺着急的，在马路对面的药店，买了好几种胃药，让他看清楚"说明"，再给爸爸服用。

"外婆老眼昏花，看不清上面的字，你给看一看。"

"字太小了，我念给你听，我大点声，让躺在床上的爸爸也听一听。"

"好，好，你先念这张。"

"胃舒平（复方氢氧化铝）。"旻宏大声念出来。

他接着念："制剂：每片含干燥氢氧化铝凝胶 0.2 克，三硅酸镁 0.2 克，颠茄浸膏 0.0026 克。0.5 克/片。

"作用和用途:中和胃酸和解痉作用。是较好的抗酸药,效力持久,副作用少。治疗胃痛、胃酸过多、胃和十二指肠溃疡。"

"用法:2～4片/次,3～4次/日,饭前或胃痛发作时,咬碎服。

"副作用:可引起便秘。"

"再念念这张。"外婆说。

"氧化镁。制剂:片剂,0.2克/片。

"作用和用途:抗酸作用强而持久,不产生二氧化碳是其优点。本药有缓泻作用。用于胃酸过多、胃和十二指肠溃疡。"

"用法:0.2～1.0克/次,3次/日,饭后服。"

"没有写副作用哩。"

旻宏的外婆

"看来,这种药适合你爸爸。他喜欢吃碱性重的馒头,是胃酸过多,这种药比较对症。"

外婆又拿来一张说明书,让旻宏再念一念。

"维生素U,制剂:片剂,50毫克/片。

"作用和用途:非抗酸药。能促使溃疡缩小和愈合。用于胃和十二指肠溃疡、慢性胃炎。

"用法:50～100毫克/次,3次/日,饭后服。"

旻宏读了好几张治胃病的药的说明书,大声地说:"老爸,你都听见了,我建议你吃胃舒平——复方氢氧化铝药片。"

"哟,哟,我们的旻宏会当医生了。"外婆已经倒了杯凉开水端在手中,让旻宏给他爸爸送去。

老师坐在沙发上看药品说明书

这时,门铃清脆地响了一短、一长。

"外婆,你去开门,老师朋友来了。"

老师走进客厅,坐在单人沙发上。看见有几张胃药的说明书,把它们拿在手中,不自觉地一张张慢慢地读起来。

治胃病的处方

乌贼骨(海螵蛸、墨鱼骨)

来源 是乌贼科动物乌贼的骨状内壳。

主产于浙江、江苏、广东、山东等省。

作用和用途 性微温、味咸。含磷酸钙、碳酸钙、胶质及氯化钠等。有止血、制酸、收敛、止带等作用。用于治疗溃疡病,内脏出血、妇女崩漏及赤白带等病。

用法 用量1~4钱,水煎服。

(1)溃疡病,胃痛、吐酸、烧心:乌贼骨研末,每服一钱,饭前开水送服,3 次/日;或加生甘草等量,研末同服;便秘时可用乌贼骨一钱、大黄一两,共研细末,每服一钱,3次/日。

(2)溃疡病出血,肺出血:乌贼骨、白及各三钱,共研细末,每服二钱,2 次/日,温开水这服。

(3)妇女血崩:乌贼骨三钱、茜草炭三钱、牡蛎四钱,水煎服。

(4)赤白带:乌贼骨二钱、白芷一钱、茜草炭二钱,研末,温开水送服,或水煎服。

副作用和注意事项 多服可引起便秘。治胃病时如无本品,可以鸡蛋壳代替。

抗酸中药方

1. 主治 胃痛、发胀、吐酸水。

处方 鸡蛋壳(去内衣)

用法 将壳洗净,放瓦上焙黄,研为细末,每服2~3分,3 次/日,饭后开水送服。

另方 鸡蛋壳、小蚌壳各等份,烧灰存性,加糖少许,每服钱半,3 次/日,开水送服。

2. 主治 慢性胃炎、溃疡病、吐酸水。

处方 明矾一粒(黄豆大小),1 粒/次,3 次/日。

3. 主治 胃痛吐酸(高酸性胃炎)。

处方 乌贼骨八份延胡素一份枯矾四份蜂蜜六份

　　用法　前兰味药共研细末,炼蜜为丸,每丸三钱,1丸/次,3次/日,饭后服。

　　4.主治　慢性胃炎(肥大性胃炎)、溃疡病、胃酸增多。

　　处方　瓦楞子　甘草各等份

　　用法　共研细末,每服一至三钱,3次/日。

　　老师对中药方正看得进入了"角色",学生不知什么时间走到他后面,也跟着他看到了这几张治胃病的处方。

　　学生到老师旁边坐下,问:"老师,你想什么呢? 这么入神。"

　　"这些治病的药方,真好啊。先不说它们是为怎样用药治病的说明文。我认为,应该记住这里面讲得清清楚楚的小单方。现在一生病,小小感冒,医生开的处方,动不动就用抗生素,压下了这一头,那一头又会漂起来。"

　　"这几张小纸条,是外婆从别人手里借来复印的,说是上世纪70年代的医药书。"

　　"是啊,那时候,生病了,先用小单方,在家里用药。也真管用哩,没有抗生素,那时候的人,身体不是也很好吗?"

　　"今天,我们就用药品说明书为例,研究一下说明文,你说好不好? 你爸爸胃不舒服,由外婆去照料,可以吗?"

　　"行,行。老师,我注意到,你说我爸胃不舒服,你看,就有'胃舒平'这种名称的药。说明文要一下子就抓住想知道事情的人啊!"

　　"对了。说明文是一种实用的文章,写作说明书的人,要尽可能快地告诉读者想知道的事。"

　　"就是我们说的,在第一时间?"

　　"是,是。你看这张单子。只有几行字,首先是讲主治胃痛、发胀、吐酸水。对症了,开出处方,鸡蛋壳要去掉蛋壳的内衣,是那层膜,再告诉用法,将蛋壳洗净,放在瓦上用火加温焙黄,蛋壳变脆了,研成细末。再告诉使用的人,每次服用2～3分,每天3次,是在一日三餐的饭后,用开水将焙黄的蛋壳细末吞服下去。短短54个字,把主要对症治疗的病状,使用的药物的来源,加工的方法,使用的分量和次数、时间,都说得清清楚楚。"

学生又插上话了,"老师,你还没进家之前,你看,外婆让我读这几张说明书,比刚才这54个字的要复杂得太多了,我这个中学生,读下来,似懂非懂的。外婆这样大的年纪和读书不多的人,就更难理解了。"

"是啊,现在的药物使用说明书还有通用名,商品名,英文名,汉语拼音,主要成分,分子式……我们看不懂,高中生、文科大学生也不一定看得懂。"

"可是,通不过啊。"外婆也插进来讨论药物的说明书了,"现在的事,越来越复杂,普通的瓶装水,要说明是矿泉水还是纯净水,茶饮料还是运动饮料,都在瓶贴上写出说明性的文字。要标出矿物质含量,那一大篇,字小得用放大镜都难得看清楚。是不是国家有规定,一定要向消费者说明清楚。消费者不看这些说明,那是你的事,不说清楚,就是我的事了。"

"没想到,外婆还有一套一套的理论。"

"你这小家伙,平时只许你说话,不让我发言。今天有老师在,你还是听老师讲吧。"

"说明文、说明书和我们生活的关系太密切了。是值得我们认真地去研究,不仅要读懂各种各样的说明文,也要学会写各种各样的说明文。"进门好久了,老师要书归正传了。

"老师,上次你说要讲写说明文的要求,你还讲了'写作说明文要注意:第一,直奔主题,简明扼要;第二,表述直观,精准恰当;第三,概念正确,判断恰当;第四,客观公正,实事求是。'这四点,外婆,你就别听了,忙你的事,看爸爸吃药后,是不是舒服些了。"

"这四点是写作说明文总的要求。具体到不同内容,不同形式的说明文还有具体的要求,我们先来说说,说明文的这四点要求。"

"第一是直奔主题,简明扼要。"旻宏又抢先说了,好像出了题目,要老师做文章。

说明文一传到位

"写说明文，一定是因事而写。不像写诗、写散文、写日记。我们先从写作动机来研究。写说明文是为了说明某事物的形状、构造、类别、关系、功能，解释事物的原理、含义、特点等，向读者传达知识信息的。"

"你是读者，看一篇说明文，不是看小说，不是读'卒章显其志'的诗，你是不是要求'开门见山'，不用拐弯抹角。直接把要说的明白地写出来，说出来？"

"是啊，是这样。读说明文一定有原因。刚才外婆让我读治胃病的药的说明书，是看哪种药能对症。外婆看不清农夫山泉饮用天然水或娃哈哈饮用纯净水瓶子上的说明，其实也不用去看那些小字，有年轻人为老年人在看。大家都在用的东西，不读说明书也不要紧。"

"你把问题扯远了。说明书是为需要读的人写的，要站在读者需要的角度，满足读者的阅读心理需求，最好第一句话，就能抓住读者。"

"老师，不是说现在人们的工作和生活节奏很快吗？药的说明书，怎么越来越复杂哩？"

"简明扼要是直奔主题的具体要求，用最直接的语言，最少的文字，把读者想要知道的告诉他。'抗胃酸中药方'第一行字就是'主治胃痛、发胀、吐酸水'，这是读者最想知道的，全文才 54 个字，把主治、处方、用法、用量全说清楚了。

"老师朋友，那第二条要求呢？"

"写作说明文的第二条要求是表述直观，精准恰当。"

"对，对。写说明文，用不着什么'文似看山不喜平'，'曲径通幽处'啊！"

外婆没走远，她听见了忍不住说："嗳，嗳，听你说，还是听老师说？"

"当然是听老师说了。老师是我的朋友，朋友就要平等，是吧，外婆朋友？"

"又来了，没大没小，没老没少。"

"我接着讲'表述直观，精准恰当'。说明文要靠文字说话，要让看文字的人，如同看到实物、实景一样，像苏东坡写油炸饊子，苏平写豆腐……"

没等老师说完，旻宏说："就像老师朋友写'金海雪山'一样，是吧？你的说明文让我看见了没有到的那个地方，让我更向往了。"

老师没有批评学生，而是继续说："'金海雪山'四个字，本身就是一幅画，读这四个字，脑子中就有了一幅画。说明文要直接说出要想说的，不用赋比兴，不用夸张，不用抒情，不能让读者丈二金刚，摸不着头。用字要精，要准。尽量不多一字，每个字都有分量。不信，你把苏东坡写油炸馓子的广告诗，苏平写的豆腐诗，试一试，改几个字。对于药的说明书更是一字不易啊！54 字的处方，瓦片焙蛋壳，到什么程度，告诉制作人，白蛋壳的颜色要焙成黄色，研为细末，是便于吞下，消化、吸收，产生疗效。"

"老师，我想起课文《中国石拱桥》，茅以升老爷爷写了赵州桥和卢沟桥，他老人家是桥梁专家，他专业化的，精确的说明，让我们真的不得不佩服我国古代的建桥人的智慧和力量。"

"明白第二点要求了？我接着讲第三点。'概念正确，判断恰当'。说明文针对性很强，讲'这一个'就是这一个，不能含糊，不能替代。概念是反映客观事物的一般的、本质的特征，说明文要对这一物的本质特征，进行清楚的说明，一是一，二是二，不能混淆。说明时，常用到判断，肯定某一物的存在，或说明它是具有某种属性的。比如讲'金海雪山'时，指出一定的时间，一定的空间才会出现的自然景观，过时不候，要去观赏，有时间的要求。比如钱塘观潮，也有时间要求，介绍钱塘大潮的说明文，要准确说明，把这种属性确切地表述清楚。"

"老师，你讲的这第三点，和我们学过的教材中的'注意说明文的科学性'是一回事。"

说着，找来用过的教材，这段文字便出现在老师面前。

注意说明文的科学性

说明文的生命在于它的科学性。阅读说明文,要着眼于文章是否如实地反映客观事物,是否把事物的特征、本质和规律性说明得准确明白,给读者以正确无误的认识。

阅读中,要注意作者对事物特征或者事理的说明,是否都以确凿的材料为依据。这"依据",包括一些数据。例如倍数、分数、绝对数、百分比、比较数、平均数、约数、确数,是否都确凿可靠,没有什么差错。

要特别注意说明文语言的运用。看它是否准确、简明、周密。所谓准确,就是要按照事物的实际情况,选用最恰当的词语,恰如其分地把事物的特征、本质和规律性表达出来。所谓简明,就是简洁明晰,不啰嗦,不含糊,用精练的语言把意思表达得清清楚楚。所谓周密,就是说明事物的特征、本质和规律性的语言要做到严密,没有疏漏,无懈可击。在阅读中,就要用准确、简明、周密这把尺子,衡量说明文语言的优劣。

旻宏还是抓住老师讲的问题,继续发问。

"老师,你讲的概念,比如'中药方'就是一个概念,它与西药'丽珠得乐'就不同。是这样吧?"

"是,是。你还没有学习逻辑学,没有学习心理学,能分清中药、西药是两个不同的概念就可以了。要写好说明文,还有许多知识要学。"

"对,对。老师你常讲,学无止境,是这样吗? 你看,外婆66岁了,戴着老花镜,还在看我们家订的《思维与智慧》杂志哩。"

"写说明文的第四个要求,我想让你来说说。怎么说都不要紧,讨论嘛,不要怕说错。"

"那我就说了,'客观公正,实事求是',和刚才老师讲的'清楚的说明,一是一,二是二,不能混淆'是不是一回事? '说'的目的在于'明',让人糊涂了,就没有说明。老师,是这样吧?"

"把你说的连起来,'让人糊涂了,就没有说明,老师是这样吧?'就会让人认为老师是让人糊涂的,没有说明的这种人,就会混淆要准确说明的意思。其实,说明真的要求一是一,二是二,说明文不能把假的说成是真的,不能把坏的说成是好的,不能把丑的说成是美的,要对读者负责。哪怕可以用多种手法写广告,写电影、电视剧的说明书、海报,一定要求真、善、美,反对假、丑、恶。人命关天的药品说明书,更应该实事求是。"

　　"老师,我又想起了课文《苏州园林》,这是叶圣陶这位大作家写的介绍苏州园林的整体特点的说明文,用了好几种说明的方法,如下定义、举例子、作比较、打比方等,让我们边阅读,边欣赏这些中国园林的艺术,真是赏心悦目啊。"

　　"写作说明文的方法,不是安排在后面吗? 我们先搞懂了什么是说明文,写作说明文有什么要求,说明文的分类,在讨论怎样写作说明时,再研究说明文的写作方法。好吗?"老师说。"还有的教材讲到,说明文写作应注意:一、概念要准确,判断要正确,区分要清楚;二、尽可能排除自己的趣味和倾向,客观地加以述论。写说明书,语言要准确、朴实、简明易懂,便于实践。总之,要用较少的文字把事情交代清楚,不用、少用形容、描写等文学手法。它的篇幅不宜太长,要抓住需要说明的事和物的特征。多为用户着想。内容多的,可分条或分项说明。"

　　"其实,老师讲的写作说明文的四点要求,把教材中的要求都提到了。"

　　"老师朋友,你先是老师,再是朋友。我们家请你当老师,教是您的,学是我的。"

　　"既然是朋友,要商量办事,担任家教,我要尽心,教学相长,我从学生朋友,从你这儿也得到了许多启发。"

　　老师一下子正经起来,说:"旻宏,我们学习说明文几周了,讲了说明文的概念,讲了说明文的写作要求,是不是'天桥的把式',只讲不练呢?"

旻宏也认真起来，"老师，你布置作业吧，我保证完成。我爸吃了药，胃痛解决了，我去请他来作证人，一定按时完成作业。"

"我相信你，不要请你爸了，让他多休息一会。"

"你听好了，两个作业题。一、写一篇黔灵山公园的介绍性说明文；二、写一篇你家新买的面包机的使用说明书。有三点要求：第一，不要从网络上下材料；第二，要符合写作说明文的要求；第三，文字简练，段落合理。"

老师停顿了一下，说："你多找一些说明文的实例，如今天的药的说明书就有好多张，各种都找一些，这种以实例比较的方法，读书效果是不是更好一些？"

"好，好，就按老师的要求办。"旻宏连说两个"好"字。

在沙发后面听见师生俩说话的外婆，刚才在找药的时候，看见了药箱中的六神丸。她打开小纸盒，抽出一张折了几折的小纸，走到老师面前，"老师，这张纸是六神丸的说明书，你给旻宏说说，好吗？"

老师接过小纸片，展开后，对学生说："这种与中成药一起包装的说明书叫'仿单'，仿单，在《辞海》中这样解释：介绍药品或一般商品性质、用途、用法的说明书。"

老师让旻宏找来《现代汉语词典》，请他找出"仿单"的解释。

旻宏查找词条较熟练，他读到："仿单，介绍商品的性质、用途，使用方法的说明书，多附在商品包装内。"读完后，他将六神丸的仿单展开，正要细看上面的小字，老师则让他细心地听着。

旻宏找来《现代汉语词典》

老师说："仿单，作为广告文体的一种，出现得比较早。我国的印刷术发明后，仿单就作为广告，在商品的流通中送往各地。公元960—1127年的北宋时期,济南刘家针铺就采用一张四寸见方的仿单,广告宣传自己的商品。这张广告一般被认为是最早的印刷广告。英国人威廉·坎克斯顿印刷宗教内容书籍的广告,比北宋刘家针铺广告,要晚几百年。中国艺术史研究专家王伯敏在《中国版画史》中说,他曾看到刻有'咸淳壬申(公元1272年)万柳堂主人记'的药品仿单广告铜版,这是'万柳堂药铺'的,大小6寸见方,四周有花边的仿单铜版,版上'气喘'、'愈功'等字隐约可见,版上画有两人,一人作气喘痛苦状,另一人手持一件物品,精神健朗。据专家考证,这付铜版仿单广告大约出自北宋时四川广都县著名刻手曹仁之手。这位著名刻手曹仁,可不是三国时期曹操手下的那位大将曹仁。北宋(公元960—1279年)时期,距今也有千年,可见我国仿单广告的历史多么悠久。"

"老师,现在的药盒里都有说明书,为什么不叫仿单呢?"

"这是词语的发展变化。我们在日常生活中,吸收、使用一些新词,搁置一些老词。"

"对,对,对。我们不知道'仿单',知道附在商品包装内的说明书就行了。"

"学习说明文的特点和写作要求,既要坚持原则,又要灵活运用。学习说明文不要孤立地学习它,要将几种表达方式先分开学,然后综合用,写作出符合文体要求的文章。"

老师说这段话,是在做小结。这一点,旻宏是听得出来的。

正在听老师说话的时候,旻宏的目光落在了博物架上的白瓷直筒酒瓶上。

"老师,贴在酒瓶上的纸条,肯定是说这酒怎么好,用什么酿造出来的,是吧?"

"有意思。你这个问题提得好。"

"那就请老师朋友给我说说酒文化说明书。我爸过去喝什么浓香型酒,现在他只喝酱香型的酒了,这是广告说明书起的作用吗?"

老师从博物架上,拿来还有些酒的白瓷直筒酒瓶,交到旻宏手上,先让他读一读,再向他介绍一些酱香型酒的"故事"。

白色酒瓶上紧贴着两张长方形纸条。正面长方形纸条,四周是金色的边框。上部是白色,中央有圆形的"荣和"注册商标,商标左面是竖排的"荣和一八七九"几个小字,商标右侧是"500ml"和"53% vol"两行小字。下面是"贵州茅台镇"五个行书字。大体在瓶贴黄金分割点的位置上,有"开皇圣旨"四个正楷大字,字的右下角有一红色小印章,是一个"酒"字。往下是"酱香型白酒""中国·贵州孙全太酒业有限公司"及英文"中国·贵州孙全太酒业有限公司"。长方形纸条的下部是朱红色,正中有1915年巴拿马万国博览会金奖奖章的正反两面的图形,下面是"茅台镇荣和烧坊"、"1915年巴拿马万国博览会金奖"两行文字。

白瓷直筒瓶的另一侧,还有一张瓶贴。

"老师,我读完这两篇'说明文'了。我想听您讲讲茅台镇酒的故事。下次我老爸和叔叔们喝酒时,我再讲给他们听,好吗?"为了学习知识,旻宏很礼貌地请教老师。

看到旻宏认真看瓶贴,又要求讲讲茅台镇的关于酒的故事,老师朋友也来精神了。他略微整理一下思路,考虑不要扯得太远,说些"茅台酒传说",那就太多了。

"旻宏,我国的白酒分四大香型,有酱香、浓香、清香和兼香。你闻闻,这酒有香味吗?"老师打开瓶盖,晃动一下酒瓶,一股酒香飘然至鼻。

"啊,是香呀!难怪老爸会喜欢喝酒呢。"

"贵州茅台镇生产的酒,主要是酱香型的。'开皇圣旨'瓶贴上标得有'酱香型白酒',贵州茅台酒也是这种香型。"

"贵州茅台酒?是酱香型,我好像在酒瓶上看见过。"

"在贵州茅台镇生产的酱香型白酒中,孙全太公司生产的'开皇圣旨',采用原始、古老、传统的酿造技术,这是世界上蒸馏酒中绝无仅有的独特工艺。端午踩曲、重阳下沙;一年一个生产周期,两次投料,八次摊凉加曲堆积发酵、九次蒸煮、七次取酒;高温制曲、高温堆积、高温发酵、高温馏酒;经过长期贮存、精心勾兑……坚守传统酿造工艺,使得'开皇圣旨'酒独特的酱香口感传承始终如一,确保了酒质量的稳定。"

"老师,您在做广告啦!"

"不是的,凡是酱香型白酒,都要这样去做,一丝不苟,不能有丝毫马虎。"

"茅台酒因生产于贵州西北边的赤水河畔茅台镇而得名。茅台酒质量与其产地密切相关,这是茅台酒不可克隆的主要原因,也是茅台酒区别于中国其他白酒的关键之一。茅台酒产地茅台镇风景秀丽,依山傍水;地理地貌独特,地域海拔高度 420～550m 之间 ,地理位置在东经105°,北纬27°附近,为赤水河河谷地带;地层由沉积岩组成,为紫红色砾岩、细砂岩夹红色含砾土岩。茅台镇年平均气温 18.5℃,年平均相对湿度78% ,年平均降雨量 1088mm 左右。由于茅台镇地处河谷,风速小,十分有利于酿造茅台酒微生物的栖息和繁殖。茅台镇独特的地理地貌、优良的水质、特殊的土壤及亚热带气候是茅台酒酿造的天然屏障,一定程度上也可说茅台是大自然赐予人类之杰作。上个世纪 60 年代、70 年代,全国有关专家曾用茅台酒工艺及原料、窖泥,乃至工人、技术人员进行异地生产,所出产品均不能达到异曲同工之妙。这充分证明了茅台酒与产地密不可分的关系和茅台酒的不可克隆性。为此茅台酒 2001 年成为我国白酒首个被国家纳入原产地域的保护产品。"

"慢点,老师你讲的这些,就是一篇'科普说明文'呀。'开皇圣旨'酒与茅台酒有什么关系呢?"

"好吧,我先跟你讲一讲这'孙全太'与茅台酒的故事。据《茅台酒厂志》记载:孙全太是清朝年间人士。公元 1879 年,是清光绪 5 年吧,石荣霄、孙全太与"王天和"盐号老板王立夫合股创建烧坊,取石、孙两人名字及'王天和'店名中的各一字组成烧坊名号,即'荣太和烧坊',后来改名为'荣和烧坊',烧坊成立后,由孙全太掌柜至 1916 年,历时 36 年。烧坊选址在茅台镇杨柳湾,就是今天的茅台酒厂一车间的地址。"

"1915 年,美国在旧金山举办'巴拿马万国博览会'。军阀时期的地

说明文一传到位

方政府让'荣和'、'成义'两家烧坊将'茅台酒',交给中国农工部送展,当时未将两家产品进行区分,都以'茅台造酒公司'的名义,统称'茅台酒'送出参展。"

"老师,他们会扯皮吗?"

"展会上,'茅台酒'简易的包装,没有人会多看它一眼。眼看展会就要结束,中国代表实在生气,一怒之下,摔破一罐酒,酒液飞溅。顿时,展厅里茅台酒香四溢。闻到酒香的参观者蜂拥而来,评委们也来了,大家都说'好酒,好酒!'有人建议要重新评定,后来开了另外几坛送展的'茅台酒',让评委们反复品评,大家一致认定这才是世界上最好的白酒,于是补发了金奖。'茅台酒'一举成名天下知了。"

"1915年获奖后,'荣和'、'成义'两家烧坊便开始了长达3年争奖牌官司诉讼。直到1918年,官司从地方打到省公署,省长刘显世签署批文:两家送展,一份金奖,金奖牌留在仁怀县商会做纪念,两家烧坊均可在产品上标明'获巴拿马博览会金奖'字样。这才结束了这场争奖官司。1918年,贵州省省长刘显世签发的关于巴拿马金奖归属判决书'荣和烧坊'与'成义烧坊'共享巴拿马金奖荣誉。你看到的'开皇圣旨'酒,是'荣和烧坊'的掌柜孙全太的传人按祖上传的方式,生产的'茅台酒'。只不过,现在已经不能用'茅台酒'三个字了。"

"原来是这样。贵州茅台酒厂是后来才有的?"

"对,对。1952年,'荣和'、'成义',还有'恒兴'三家烧坊收归国有,合并组建贵州茅台酒厂。1915年'茅台酒'所获得的金奖,如今就陈列在贵州茅台酒厂博物馆内。"

爱追问话题的旻宏,还不满足这些历史故事,"老师,贵州茅台镇的酒就是好,我老爸也这样说。为什么呢?"

"选用当地赤水河的水,以小麦、高粱为原料,用传统工艺精心酿造。茅台镇酿酒工艺中的神奇妙招,是白酒酿造技术中独一无二的开放式堆积发酵工艺,充分利用空气中的微生物群参与酒的整个发酵过程。独特的自然环境是当地的微生物群、土壤、水质、原料等条件,是茅台镇酱香型白酒无法异地生产和复制的根本所在。因为，什么都可以搬走，唯独空气搬不走。茅台酒生产投料，要求按照农历九月重阳节进行，这完全不同于其他白酒随时可以投料随时生产的特点。采用九月重阳投料，一是按照高粱的收割季节；二是顺应茅台镇当地气候特点；三是避开高营养高温生产时节，便于人工控制发酵过程，培养有利微生物体系，选择性利用自然微生物；四是九月重阳是中国的老人节，象征天长地久，体现中华民族传统文化。"

"茅台镇酱香白酒，有那么多讲究?"

"是，还有许多，你以后再慢慢琢磨吧。我们从一张瓶贴的说明文，引发出它背后的许多故事，说明了每篇小小的文字，都不简单呀，一篇酒瓶上几十个字的说明文，每个字都有依据，每句话都有出处。""是! 老师朋友。"旻宏又要没老没少了。这时外婆走过来了，不然，这位学生不知又要出什么题，做什么文章了。

看见外婆过来，旻宏拿上放在茶几上的一张纸说:

"老师，你要我多找一些说明文的实例，我看过一篇俄罗斯的《消息报》写的征订广告，完全用对比说明的方式，将为读者提供365天精神产品的报纸，与有限的食物价格做对比，很有说服力，看完这篇广告，不订阅这种报纸都难。"

说着，他抽出一张纸，交给老师。

老师眼前出现了这篇译成中文的俄罗斯《消息报》的报纸征订广告文案。

亲爱的读者:

从9月1日起，开始征订《消息报》，遗憾的是1991年的订户将不得不增加新的负担。全年订费为22卢布56戈比。订费是涨了。在纸张涨价、销售劳务费提高的新形势下，我们的报纸将生存下去，我们别无出路。

你们有办法,你们完全有权拒绝《消息报》,将22卢布56戈比的订费用在急需的地方。

《消息报》一年的订费可以用来:
在莫斯科的市场上购买924克猪肉。
或在列宁格勒购买1102克牛肉。
或在车里亚斯克购买1500克蜂蜜。
或在各地购买一包美国香烟。
这样的"或者"还可以写上许多,
但任何一种"或者"只有一次享用。
而您选择的《消息报》将全年享用,事情就是这样,亲爱的读者。

说明文就是说得明明白白的文章,这一小篇征订广告的表达,采用了对比方式的说明文,产生的传播效果就是不一样。

小结

说明文的写作要求

写作说明文,有总体的要求,各种实用性不同的说明文,又有各自的不同要求。

懂得了这些要求,按要求的规矩写作说明文。写作时一定要做到,一是懂得读说明文的人的要求,是直接获得知识,二是便于一传到位,开门见山,不绕圈子,三是以尽量少的文字,把要传播的信息,准确传达给读者。

写作说明文应注意:

第一,直奔主题,简明扼要;

第二,表述直观,精准恰当;

第三,概念正确,判断恰当;

第四,客观公正,实事求是。

也可以这样概括写作说明文的要求:

一、概念要准确,判断要正确,区分要清楚;

二、客观地说明,排除自己主观趣味和倾向;

三、按事理规律,条理分明地逐项逐条推进。

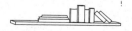

第三章

各式各样的说明文

——第三招，了解各种说明文的写作特点

生产出了电影、歌剧、电视剧等艺术品，印一张海报贴在墙上，贴在网站上，说服别人掏钱买票，或增加收视率，说明文要煽情才行。

036

每种说明文，都有自身存在的必要，学十八般武艺，有准备的头脑必胜。

学期考试要结束了，旻宏的几个同学约好，要去看一场电影放松一下，犒劳自己。说好了 AA 制。张同学家离电影院最近，负责打探消息。怕等别的同学都到了，临时买不到票，因此，由他先垫钱把票买好。

在确定看什么电影时，同学们把影院正在放的影片信息收集起来，发到 QQ 群里，用投票方式，少数服从多数，再决定看什么电影。

张家兴最积极，他发来了《黄金大劫案》的影片介绍。

一个小混混在阴差阳错间卷进一桩劫金大案，生死命悬一线，疯狂一触即发。为了八吨神秘黄金，混世

张家兴

小太岁、金镖十三郎、满洲第一影后、代疱神父、富家千金,各类人物粉墨登场;日本侵略军、外国公使、野鸡军团、神秘剧组、黑心包租婆,各方势力虎视眈眈。谁敌谁友? 谁明谁暗? 谁生谁死? 在一个重兵把守,炮弹都炸不开的金库里,八吨黄金如何被劫走,成为最大悬念。

李力刚第二个发来的是《泰坦尼克号》(3D)的影片介绍。

1912 年 4 月 10 日,号称"世界工业史上的奇迹"的豪华客轮泰坦尼克号开始了自己的处女航。从英国的南安普顿出发驶往美国纽约。富家少女罗丝(凯特·温丝莱特)与母亲及未婚夫卡尔坐上了头等舱;另一边,放荡不羁的少年画家杰克(莱昂纳多·迪卡普里奥)也在码头的一场赌博中赢得了下等舱的船票。

李力刚

罗丝厌倦了上流社会虚伪的生活,不愿嫁给卡尔,打算投海自尽,被杰克救起。很快,美丽活泼的罗丝与英俊开朗的杰克相爱,杰克带罗丝参加下等舱的舞会,为她画像,二人的感情逐渐升温。

旻宏向其他同学发去了《异星战场》的剧情介绍。

影片根据埃德加·赖斯·巴勒斯创作的同名经典科幻小说改编。讲述了美国内战时期,深受创伤的前军官约翰·卡特(泰勒·克奇饰)为了躲避印第安人的追捕而逃到一个山洞里。之后被神奇地传送到火星上。约翰成了力大无穷、弹跳如飞的"超人"。随后,被卷入了当地居民的一场空前冲突。周旋于公主德佳·索丽斯(琳恩·柯林斯饰)、盟

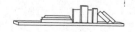

友塔斯·塔卡斯(威廉·达福饰)与敌人萨博·费恩之间。然而地球上战火纷飞带来的痛苦,早已让约翰无心恋战;但几大族群都将他视为能够拯救火星的关键人物。为了能扭转异星战场的命运,他终于抛下过去,担负起保卫人民的重任,拯救水深火热的世界。

其他同学还没有发出影片故事介绍的时候,同学们网上 QQ 的讨论就开始了。

老师朋友来到旻宏家的时候,旻宏根本不知道,两眼盯着屏幕,手在键盘上快速地敲打着。老师不参加同学们的投票,只静静地等待他们的选择结果。

这时,老师已经想好了,等一会要向旻宏讲什么了。

"你们要看的电影选定了,什么时间?"

"要等张家兴买了票,通知我们。老师,请你讲讲电影介绍这种说明书。"

"是啊,说明文,说明书分很多种,电影、电视、话剧、歌剧等文化节目的说明书,有许多相似之处。"

"是嘛,我们要看的电影的说明性介绍,差不多是在讲一个故事。把故事中的人物、剧情、著名演员告诉读者,引起读者到影院看电影的兴趣。这种说明文,不会全说明,全说明了没悬念,总要让读者变成观众后,自己去看完整个故事。这是文化节目商业化宣传的手法。况且,在二三百字的说明文中,完整地介绍剧情,也是不可能的。留下悬念让人去探寻,才能产生票房价值。"

"老师,你说了写作说明文总的要求,有四条。也说了,说明文有很多种,每种说明文又有不同的特点和要求,电影、电视的说明书是不是也有四条要求?"

"你说说看,说对了,你看这场电影,由我请客,好吗?"

"好,我就说了。第一,文字要简练,第二,剧情有悬念,第三,写作有文采,第四,语言要煽情。对不对啊?"其实,说这句话时,旻宏蛮有信心的。

"不错,很好。"停了一下,老师说,"不一定凑成四条。总的要求是基础,具体到这种说明文,可以将写作要求归纳为两条。一是语言简练、有文采,二是内容煽情、有悬念。语言是靠文字表达的,可以把语言文字合成语言。二三百字的介绍,不简练不行。本身是文化产品的介绍,语言要有文采;内容要有煽动性,让读者看完后,心痒痒的,'欲知具体情节,请到现场观看。'"

"啊,我想起了,有的人将名称改一下,对读者的吸引力,就大不相同了。"

"那你说说看。"

"有人把《水浒》改为《三个女人和一百零五个男人的故事》,把《三国演义》改编为《水煮三国》,有人写了本《孙悟空是个好员工》,后来又有人写了一本《孙悟空是个坏员工》。这些读本,都有许多读者。"

"我国的说明文起源很早,可以上溯到《尚书·禹贡》,后有还有《礼记·月令》、《说文解字》、《水经注》,李时珍的《本草纲目》就是介绍百草入药的经典的说明文。我国古代并无'说明'一词,当时题名为'说'、'记'、'疏'、'解'、'注'的文章中,有不少是与今天的说明文相当的。"

"老师,我在你们编写的《千种文体写作》中,翻看过你讲的'说'、'记'、'疏'、'解'、'注'的文体。"

"在专门研究文体学的辞书中,把古文中的'故'、'解'、'训'、'传注'、'注疏'、'序'、'自序'、'绪言'、'小序'、'缘起'、'跋'归类于说明文。"

老师没有被学生打岔,而是继续往下说:"我们现代的说明文,因为分类标准不同,可以分成许多种。从表现方法上分,可以分为两大类:一是平实性说明文,包括介绍性说明文、描述性说明文、阐述性说明文、应用性说明文,二是文艺性说明文;从解说的对象来分,可以分为,一是科技性说明文,二是非科技性说明文;从解说对象的性质来分,可以分为,一是具体事物的说明文,二是抽象事物的说明文;从说明文的用途来分,

又可以分为三类，一是产品说明书，包括广告；二是文娱说明书，包括海报、电影电视剧、话剧歌剧介绍；三是旅游说明书，包括旅游景区景点推介、导游词还有旅游者写的游记散文。"老师说了一长串话，真让人难以记住。

"这样吧，旻宏，我给你看一份资料，上面有很多种说明文，介绍了这些说明文的名称、用途和写作要求，有的还举了些例文，你自己慢慢看。看完了，我们再讨论，好不好？"

老师的做法，也是学生需要的，讲得多了，谁记得住呢？

老师交给学生要读的资料是以下这些内容：

抽象事物的说明文 以说明抽象事物为对象的说明性文章。其说明重点在于事物的"怎么样"和"为什么是这样"。写作时，必须做到：一、概念明确，定义清楚；二、对于事物的因果、规律、特点以及相互关系，要阐述得清楚明白，如翟叔相的《语言常谈》。

描述性说明文 描述天象、物象的变化，生产流程，实验过程，科学考察等的说明文。多用描述说明的方法，形象性较强。如《一次大型的泥石流》、《看云识天气》等等。

史实性说明文 又称史话。说明事物发展的历史或过程，帮助人们从纵向对比中，更全面地认识事物的一种说明文。包括历史课本，偏重史实介绍的通俗历史读物，如《邮票史话》、《电影小史》等。写作时，多以时间为顺序，注意引用资料，即运用引用说明的方法。

文艺性说明文 一种具有较强文艺性的说明文，它或兼用文艺手法来帮助说明，或用文艺手法来增强文章的表现力。它是介于文艺作品与科学作品之间的，是科学和文艺有机结合的产物。写作要求有：一、要以介绍科学知识为主；二、表现形式可以因写作目的、题材而异；三、语言力求生动形象。如伊林《十万个为什么》、高士其《菌儿自传》等。

科技性说明文 一种以解释说明科学技术为对象的说明文。对科学技术的原理、规律、应用和效能进行解说，使读者理解的一种文章。如理科教科书、工程技术书、科普读物等等。它要求具有知识性、科学性，述说的思路清晰,结构严谨,语言准确。

科学小品　又名知识小品,是文艺性说明文的一种。是用文艺手法来写的,篇幅较小的说明文。它以科技知识为题材,进行描述说明,形似散文,它主要是用文艺笔调,介绍科学技术知识。这种说明文是科学与文学结合的产物,与实用性、科技性说明文有所不同。它的特点是:一、篇幅短小,一般不超过2000字;二、内容具有科学普及性;三、语言生动形象,浅近明白。

导游说明书　又称导游指南,是介绍性说明文中的一种。是向旅游者介绍旅游地的历史沿革、地理概貌、景观分布、风土人情、文物掌故和旅游设施等等的说明文。用以帮助旅游者安排游程,确定游览重点,激发游兴,增长知识,提高景物鉴赏能力。它与游记散文的区别在于,导游说明一般用第三人称的表述方法,客观地全面地介绍旅游地的情况,侧重于让人们去感知;游记则是作者把自己的旅游中的所见、所闻、所思、所感,用第一人称的表述方法介绍给读者,对旅游地的情况,可以因主题表达的需要而有所剪裁,侧重于个人的感受。

解说词　对事物进行描述、渲染以感染观众或听众,使其了解事物的来龙去脉和意义的一种说明文。解说词可以起补充人们直接观察和感受的作用。按内容一般可分为电影戏剧方面的解说词,专题展览会的解说词,文物古迹、书画工艺品解说词等。写作解说词应注意:一、对所解说的事物、形象必须了解真切,写得准确;二、感情真挚;三、善于用形象的文字语言,描绘、叙述所要解说的事物或形象。

实况广播说明词　实况广播也称现场实况广播。常用于重大的政治性集会、文艺表演、体育比赛报道等。是与事件本身同时进行的直接播出形式,时效性最强。国外实况广播,以记者现场采录为主。我国目前的实况广播,以广播现场实况为主,播音员只作必要的说明或解释。实况广播的说明词或由记者在现场写成交播音员播出,或由播音员直接口头解说。其内容要求紧密配合现场进行中的实况,简要、明确、口语化。

电视实况转播解说词 电视实况转播是直接转播现场实况的一种电视播映形式。以文艺演出、体育比赛实况转播居多。体育转播,需要体育记者或解说员作充分的赛前准备工作,包括采访、摘编资料、写好备用稿。文稿力求新鲜、明快。现场解说要尽量避免重复,语言准确,对赛场不断变化的情势作出迅捷的反映。

电视纪录片解说词 电视纪录片是对人物或事件作长篇纪录报道的一种形式,纪录在真实环境、真实时间里发生的真人真事。电视纪录片的解说,是为主题、形象服务的,文字要简练、深刻,富有文采。

电影解说词 主要用于解释和说明新闻、纪录、科学教育影片的画面内容,帮助人们理解影片内容,以增强形象的感染力的一种说明性文体。要求语言生动形象,通俗晓畅。

文化娱乐说明书 又称文化性说明书。介绍性说明文的一种。主要说明书刊、剧目的内容情节,出版或演出时间,作者或演员等。如书籍的内容介绍、剧目单、电影说明书等。

电影、剧目说明书 文化性说明书的一种。属介绍性说明文。主要介绍电影、剧目的演出单位、作者、导演、演员以及有关人员与电影梗概或剧情等内容。

出版说明 它是编辑人员在出版一本书时向读者所作的必要交代的一种应用文体。其目的是使读者了解出版意图、编辑方针,以及编辑出版过程。如果是古籍,主要说明版本来源、整理校勘情况;如果是译著,主要说明原书的版本及翻译情况。有时也把出版说明作为一本书的前言。这类文体以说明为主,有时根据实际需要,也可采用分条分项进行叙述,只要目的明确,问题清楚就行了。有的书籍重版时,有时做了修订,可以写《再版说明》,向读者做个交代。

药物(西药)使用说明书 介绍药物(西药)的作用与用途、用法与剂量,以使人们正确使用药物的一种说明性文字材料。西药使用说明书的内容一般为:一、药品名称介绍,包括中文、英文、化学名称;二、药品的性状;三、药品的作用与用途;四、用法与剂量;五、副作用和毒性;六、注意要点或禁忌症;七、贮存方法;八、有效期。

中药使用说明书 介绍中药的作用与用途、用法与用量,帮助人们正确使用中药的一种说明性文字材料。中药使用说明书的内容一般为:一、药名介绍;二、作用和用途;三、用法和用量;四、禁忌。

产品说明书 它是生产单位常用的宣传、介绍产品而书写的一种说明文字。它适用于工业、商业、科研领域,它的内容比较详尽,文字简明,语言比较通俗。其列写的项目包括产品简介,如产品的商标、规格、型号、产品标准名称,生产单位以及产品的特点、性能、水平等。用评述的方法,提供有关数据,让用户了解产品的本质属性和特点,以便在用户中建立产品的信誉。同时有的还把总体结构、装置、使用方法或操作方法进行具体介绍。还可能配上图表进行辅助说明。

产品使用说明书 一种用以专门说明产品使用、保管以及维修等事项的应用性说明文。这种说明书着眼于知识性、科学性和实用性。一般包括下列部分:一、标题。第一行正中写上要说明的对象的名称,如:"使用说明书"。二、正文。这是主要部分,把要说明的对象简要、明确地介绍给用户,要注意说明产品的特点和使用方法,以帮助用户了解和使用产品。三、备注。结尾要注明特别应注意的事项。说明书一要"明",一看就懂;二要"简",短时间内就能看完。

菜　谱 记述、说明菜肴调配和烹调方法的文体样式。每则菜谱一般包括原料的选择、调料的搭配、制作程序及具体方法等。

食　谱 为一定对象所安排的膳食计划。食谱上一般写明在一定时间内,用膳者每餐应当用膳的数量和质量,包括采用主食品和副食品的种类、数量以及烹调方法等。食谱的作用在于合理安排用膳者的食物结构,以达到合理营养的要求。食谱要根据用膳者的营养需要、饮食习惯、适应能力和食物供应情况来写。

花卉食谱 以可供食用的花卉为原料烹调的一种食谱。我国花卉食谱有悠久的历史。屈原《离骚》中有"朝饮木兰之坠露兮,夕餐秋菊之落英"的诗句。宋代林洪的《山家清供》中有用梅花、莲花、菊花制作肴

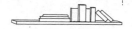

馔的介绍。

　　设计说明书　设计说明书是指某项建设设施、物资设备、生产产品进行筹划所采取的具体措施而编制和拟订的一种说明性文字。在基本建设中，按计划任务书规定的内容，先要进行初步设计和概算，编制设计文体，在生产企业单位，制造新产品和进行技术改革时，需要以生产实践经验和自然科学原理拟制书面报告，在科技宣传中，为把某一新产品、新技术介绍给广大读者所写的设计说明介绍，都属于设计说明这个范畴。特别是一些大中型建设项目的设计说明，常是以文件的形式出现的，就是一些新产品的制造、革新所编拟的说明书，也是作为报告的形式出现的。可见，设计说明书在生产建设、产品制造等活动中是不可缺少的一种文体。设计说明书根据不同的用途可分为工程设计说明书、技术设计说明书和设计介绍说明等类型。

　　工程设计说明书　工程设计说明书是某项工程建设中所编制的设计文件，大中型的项目常由总工程师负责编制，该工程所属各分工程，由责任工程师负责编制，一些简单小型的工程，由设计人员编制。工程设计说明书，一般分为三个部分：封面、目录和说明部分，封面上主要写明设计的项目名称、设计号码、设计人员、设计单位名称和设计日期。设计人员是多人的要分别列写，姓名前要把职务写出来，如院长、总建筑师、总工程师、设计负责人等。假若一个建设项目由两个以上单位协作设计时，各分项工程需要分别编制设计说明书，除了总封面外，还有分册封面，也要按这种格式分别撰写。封面后的内页是设计说明书的目录，它主要是把设计说明书的项目标题列出来，使各级领导人员了解其大体内容。设计说明书的说明部分，也是文章的主体部分，它根据目录的各项再具体说明。因建设项目不同，工程的性质、特点、内容也不一样。但一般要写明：设计指导思想、建设规模、总体布置、结构设计、经济效益估算等内容。为了清楚起见，在一些大项下还列出许多具体小项。总之，使之达到内容齐全，表意清楚。工程设计说明书除文字说明外，还附有关批文、设备及材料表、设计概算，同时还有设计图纸、数字等说明。

技术设计说明书　技术设计说明书，又称技术设计报告。它是企业制造新产品、进行技术改革时，根据生产经验和科学原理，为各种工艺编制和拟定的一种书面文字。主要写明操作方法、技能，生产产品的设备、生产工艺过程和方法等。有时也把过去的缺陷和改进的目的反映出来。同时常用图形和文字加以详细说明。

设计介绍　设计介绍是设计说明书的一种。设计介绍是以新闻的形式，把某新产品、新技术介绍给广大读者，既起着传递信息的作用，又介绍技术或方法，供人们制作与参考。这种设计介绍，除了交代单位、制作或设计者外，对设计的作用、目的、结构、特点、优缺点等作必要的说明。这些说明是根据不同内容、不同对象有选择地进行说明。

科研专题技术说明书　它是一种专题性较强的科技资料和产品情报，其主要作用是供有关科研人员和领导了解科研项目。文字简明，主要内容是把某一科研项目的用途、产品结构、主要技术性能和规格、工作原理、使用方法、使用注意事项、数据表，分别进行介绍说明。与产品说明书大同小异。

科技制作知识　科技制作知识是科普说明文的一种。是运用大脑和双手，去制造出一件比自然界精巧或自然界并不存在的东西的一种以说明为主的短文。这种操作能力的训练，是激发大脑中某些区域的活动，使之在模仿中发挥创造能力，对于开发智力有很大作用。

科技制作知识与科技实验知识一样，它通过生动形象的文字，像讲故事一样，把制作的内容、原理、方法、步骤写成短文。为了使读者便于模仿，他不但要求说明详细、准确，往往要用图示来配合说明。科技制作知识对于当前青少年开展科技活动有实际意义，对于培养将来能从头到尾自己动手的科技人才，还有更深更远的意义。

老师在旻宏读这些资料时说："这份资料留在你这里，在你读书期间，这二十多种说明文，多数碰不着，今后工作了，也许会遇上。"

旻宏慢慢读着资料上面的说明文的界定、用法、写作要求。老师在旻宏家的玄关柜上看见几本食谱、菜谱，上海科学普及出版社出版的

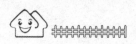

《补肾食谱139例》、《家常小炒139例》,南海出版公司出版的《轻松家常宴客菜》。

老师翻开《家常小炒139例》第42页,左面是用方磁盘盛着的炒出的成品宫保鸡丁,那色、型,看着都让人流口水。

这篇说明文是这样写的:

老师翻开《家常小炒139例》

宫保鸡丁

材料:

鸡腿肉200克、油炸花生仁50克、鸡蛋1个(取蛋清)。

046

调料:

葱段、姜片、料酒、白糖、盐、酱油、醋、淀粉、花椒、干红辣椒、植物油各适量。

做法:

1.鸡腿肉洗净,切丁,加鸡蛋清、淀粉、料酒、少许盐、酱油拌匀;干红辣椒洗净,去子,切段。

2.植物油烧热,放入鸡丁过油至变色,捞出;余油爆香葱段、姜片、花椒、干红辣椒,倒入过油后的鸡丁、油炸花生仁、白糖、醋,翻炒至熟即可出锅。

真是"明明白白我的心"。先是菜肴名称,接着写出做这种菜的材料、配料,再用第一是材料和配料冷加工,第二是火功炒制,这一步骤必须按部就班,顺序不能颠倒。

老师边看边回忆自己炒制宫保鸡丁的情形。从说明文写作的实际出发,一位从来没有炒过宫保鸡的人,读着这篇小小的说明文,还是可以照葫芦画瓢的。

老师饶有兴趣地再拿着《轻松家常宴客菜》看了起来。这本书似乎说得更明白。现举两例家常宴客菜的菜谱。其一是:

水晶皮冻

【原材料】猪肉皮 500 克、葱 10 克、姜 5 克。

【调味料】盐 5 克、味精 3 克、老抽 5 克、醋 3 克、芝麻 3 克。

【做法】

①肉皮刮去残毛洗净,切成四方形小粒。

②将肉皮放入锅中,加水、盐、味精熬 3 个小时至浓稠时盛入碗中,放入冰箱急冻至凝固。

③取出皮冻,改刀成块状,所有调味料拌匀做蘸料食用即可。

【特别提示】猪皮一定要熬至出胶才可急冻。

【营养功效】猪皮中含有大量的胶原蛋白质,能使皮肤细胞得到滋润,保持皮肤湿润状态,防止皮肤过早褶皱,延缓皮肤的衰老过程。

其二是:

麻辣牛肉

【原材料】牛肉 300 克、葱 10 克、蒜 5 克、生姜 5 克。

【调味料】花椒油 5 克、辣椒 5 克、盐 5 克、味精 3 克,卤水、香油各适量。

【做法】

①将牛肉洗净入沸水中焯去血水,再入卤锅中卤至入味,捞出。

②卤入味的牛肉块待冷却后切成薄片。

③将牛肉片装入碗内,加入所有调味料一起拌匀即可。

【特别提示】牛肉一定要横切成丝。

很显然,两家出版社的"菜谱"的说明文写作,是有差别的。

老师正在大脑中整理思路,想将两本菜谱的相同点和不同点讲给学生听的时候,旻宏已经将那几张纸看完了,他也在翻看婆婆买回的这几本菜谱了。

翻到宫保鸡丁这篇时,他先说话了。"我外公没有买这本书以前,就炒宫保鸡丁给我们吃了。那鸡肉真嫩,真香。"

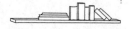

不知什么时候，外婆听见了旻宏的说话，插进来说："你外公炒宫保鸡丁有绝招。他一定要多放油，让油烧得很辣了，再放已经用盐和蛋清浸了好一会儿的鸡丁，让滚烫的油使鸡丁迅速爆得八九成熟，赶快捞起来，把油滤干。多余的油用勺舀出，将余油再次开火烧滚烫，再放入配料。油炸花生米可以预先炸好备用。当干辣椒放进热油后，放入姜片，再放入滤干油的八九成熟的鸡丁，最后放入锅中的是炸好的花生米和葱段，翻几下锅就可以舀出盛盘了。"

外婆的长段的介绍，比书上详细，按她说的"说明文"去炒宫保鸡丁，一定能成功。因为她口述的是外公的成功经验。

外婆的插话，正好是老师理清思路要想说的话的举例说明。

老师面对学生，正儿八经地说："我们从这两本菜谱的写作，谈谈写作菜谱这种说明文的要求，再举一反三，讨论一下不同用处的说明文的不同写法。"

拿着《家常小炒 139 例》这本小册子，老师翻到 42 页，说："在'做法'这部分，过于简单，还有不妥之处，葱段生吃亦香，不宜放入烫油中，在炒好菜前，最后放入，翻炒几下就出锅。这本《家常小炒 139 例》与《轻松家常宴客菜》相比，在做法上说得不够明白，没有'特别提示'这部分，更没有关于'营养功效'的说明。"

旻宏又插嘴了："《轻松家常宴客菜》的调味料也说了要用几克，《家常小炒 139 例》的调料部分，只列出品种，没有标出具体的克数。"他刚才翻看了两本书，不一会儿工夫，也看出了点问题。在老师朋友面前，他是"知无不言"的。正好将老师还想说的抢先说出来。

老师也了解学生朋友缺点中的优点，也是他优点中的缺点，没有表扬也没有批评。而是接着往下说："写作说明文，一定要站在读说明的人的立场，写他需要说明的问题。读炒菜菜谱的人，大多是按菜谱的说明指点，一步步操作。每种菜又有自己的特色和需要特别提示的地方，比如在介绍'麻辣牛肉'时特别提示'牛肉一定要横切成丝'，这是让调味料充分进入牛肉肌纤维的需要，这是做这道菜的要点。"

老师用目光找一下外婆，说："你外婆说的炒宫保鸡丁的关键，是留一二成熟与调料一起爆炒，鸡丁才又嫩又香，这是调料进入鸡肉丁内的香味。"

"老师，按我外婆说的炒宫保鸡丁的炒法，是不是太啰嗦呢?"

"是啊，说明文是文章，书面文章与口语还是有区别的，把你外婆说的记录下来，条理化梳一梳，针对不会炒宫保鸡丁的人，让他们掌握要领，是可以学得会的，他们自己再多操作几次，掌握好鸡丁从滚烫油锅中捞出来的时间，就能总结出自己成功的经验，像你家外公炒的宫保鸡丁那样香嫩。"

"老师，你不知道，炸花生米是外婆的绝活，外公炒宫保鸡丁的花生米是外婆炸的哩!"

"好! 下周我到你家吃外公炒宫保鸡丁，品尝外婆炸的花生米，由你来帮助外婆做水晶皮冻。你看，我多有口福，能接受学生朋友家的轻松宴客。"

老师将话题引入正轨，"旻宏，你们几个同学讨论电影介绍说明书，大家很有收获，你说说电影说明书的写作，讨论后你有什么收获?"

"老师，我先说你给我的这几张纸中，好多种说明书写作的用途、写法和要求，你看，'电影、剧目说明书是文化性说明书的一种。属介绍性说明文。主要介绍电影、剧目的演出单位、作者、导演、演员以及有关人员与电影梗概或剧情等内容'。只是将写这种说明书要介绍哪些内容列出来，我觉得还不够味，好像少了些什么。老师，你给我说说，写这种内容的说明书，要注意些什么问题?"

"还是我们上次讨论的问题，电影、剧目介绍说明书，是为推出新电影和剧目做的广告，首先要考虑谁是这部电影的未来观众，比如儿童少年片，看电影的观众多是儿童少年，介绍说明要用儿童听得懂，看得懂的语言和文字，写得有趣、简短，能引起他们的注意，刺激他们的欲望。在写作安排上，介绍编剧、导演并不重要，介绍剧情故事，有很强的吸引力更为重要。向小朋友讲故事，生动、幽默、现场感都是不可少的。"

说明文一传到位

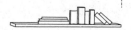

　　"你们学生去看 3D 泰坦尼克号,不会去探索坐头等舱的富家少女罗丝,在与母亲及未婚夫卡尔同行时,为什么会爱上放荡不羁的少年画家杰克;更不会关心饰演罗丝的著名演员凯特·温丝莱特和扮演杰克的年轻男演员是谁,那么,只有写出与这部电影相关的观众的需要,吸引他们的注意,电影说明书才能说到位。当然《泰坦尼克号》本来的目标观众群,不是你们这帮娃儿。这部电影的介绍说明书还是写得比较好的。"

　　"《异星战场》的剧情介绍,比较适合你们青年学生的口味。它是经典科幻小说改编的,讲述的又是美国内战时期的事情,用时空穿梭的方式,讲述深受创伤的前军官约翰·卡特,为了躲避印第安人的追捕,逃到一个山洞里以后发生的故事。约翰被神奇地传送到火星上,成了力大无穷,弹跳如飞的'超人'。他被卷入当地居民的一场空前冲突。周旋于公主、盟友与敌人之间。地球上战火纷飞带来的痛苦,早已让约翰无心恋战。几大族群都将他视为能够拯救火星的关键人物,为了能扭转异星战场的命运,他终于抛下过去,担负起保卫人民的重任,负起拯救水深火热的世界的责任。这个故事本身就有许多看点。至于泰勒·克奇饰约翰,德佳·索丽斯由琳恩·柯林斯饰演,对于中国普通的青年观众,就不显得那么重要了。至于盟友塔斯·塔卡斯由威廉·达福饰演,敌人萨博·费恩由谁饰演,就更不重要了。"

　　说到这里,老师停了一下,略有所思,说:"写说明文是用它传播信息,一定要有针对性地为对象而写。"

　　老师用提醒式口吻问:"是不是电影、剧目介绍说明书才讲求有读者针对性呢?"

　　"当然不是。"旻宏快人快语,话头接话尾,不假思索。"老师,你讲了旅游广告,讲了中西药使用说明书,说了菜谱,现在讲电影介绍说明书,都反复讲,写作要为对象服务,不是写日记只给自己看,说明文不看读者对象,说明文说不明,就只有写给自己看了。"

　　"哟,旻宏进步挺快的,会归纳问题了。"

"是老师朋友教导有方。"

"别讲老师了,这都是应该的。"

"老师,我还有一个问题。"

"说吧。"

"说明文要对客观事物进行介绍或解说。要对不同的对象说他听得懂的,这会不会也有不同的说明方式呢?"

"当然有啦。说明的目的是为了表明某种事物的形状、构造、成因、制法、效能、用途,同一事物中此部分与他部分,以及不同事物之间的关系。说明不同于记叙和描写。记叙是客观事物由浅入深的过程的再现,描写是对人物、事物、环境的刻画和摹写,而说明却是一种对于事物或现象等的直接的解说。"老师在后期会讲到说明与记叙,与描写的区别,这里就一句带过了。

老师把几种说明的方式,一一地告诉旻宏。

"常用的说明方式,概括起来有很多种。"

"第一种是概貌说明。概貌说明是对所说明的对象从外观上进行概括的介绍。这种说明,注重事物的完整性。读后,给人一个总体的印象。"

"第二种是程序说明。程序说明是对所说明的对象,从制作过程或工艺流程乃至施工进程的解说。如你看到的'设计说明书','科技制作知识'等,这种说明往往离不开相应的术语的运用,也需注意程序之间的衔接和贯通。"

"第三种是局部说明。局部说明是对完整事物的划段解说。这种说明往往需要阶段划分的准确,各个阶段解说的事理要具有一致性。解说的语言也要具有一致性。分段局部解说还要考虑到前后的顺序,尤其要把握住每个阶段的本质特点。"

"第四种举例说明。举例说明是通过举例的方法,解说事物的写法。这种说明方法用得比较多。除了说明文中要用上,在记叙文和抒情文中也常用举例说明。写作说明文应该注意所举实例与解说对象的相

似点。"

"第五种是比较说明。这种说明是把两种或多种事物进行比较,借以说明对象的本质特征的一种写法。比较时既要注意事物相同点的比较,又要注意不同点的比较,达到对解说对象的说明更鲜明、更清晰的认识。"

"第六种是数据与图表说明。这也是说明文写作中经常用到的一种说明方式。说明时要利用有关数据或图片表格,向读者直观地说明。使用数据与图表的说明,要注意数据的准确,图表的鲜明。数据和图表的结合使用,更能增强作品的表现力和说服力。"

老师一口气讲了六种说明的方式,停了一下。看看旻宏的眼神。

"老师领进门,修行靠个人。老师,让我慢慢琢磨吧。"

"你知道,电影和戏剧一样,都是综合艺术,综合了文学、表演、音乐、美术、导演等艺术;都要有戏剧冲突和完整的情节结构;都是用视觉形象和听觉形象来打动观众,感染观众。"老师收住话题,正儿八经地"讲课"了。

"但是,电影和戏剧又有许多不同,戏剧是在舞台上演的,电影则是在现场拍摄后搬上银幕的;戏剧受时空限制,电影在时空上比较自由,这就有利于表现变化中的时空,和揭示人物的内心秘密,其表现的内容和手法比戏剧更加广阔和灵活。"

"戏剧文学叫剧本,电影文学叫电影文学剧本。"

"电影剧本又分电影文学剧本和分镜头剧本。电影文学剧本文学性较强,对人对景都可以有较多的描绘和刻画。它除了搬上银幕之外,还可以当文学作品阅读。由于它与小说在人物刻画,情节安排上有许多共同之处,有种电影文学剧本又可以说是电影小说;分镜头剧本,是导演对电影文学剧本加工后用于拍片的底本,又叫导演剧本。"

"啊,我知道了,分镜头剧本是导演写的'表演说明书',是让演员按'表演说明书'进行表演。"旻宏插嘴后,又怕说错,赶快补充一句"老师,是这样吧?"

老师始终是老师，他没跟着旻宏的问话，接着说，"电影剧本，不管文学剧本还是分镜头剧本，在写作上的第一个要求是用说明的方式，要写出视觉形象，即要有银幕感，要能搬上银幕。这是电影文学与小说的重要区别。"

老师接着说："我给你看两段文字，一段是小说《芙蓉镇》的，另一段是电影文学剧本《芙蓉镇》的，两段都是开头的文字，你比较一下，有什么区别。"

小说《芙蓉镇》：

芙蓉镇坐落在湘、粤、桂三省交界的峡谷平坝里，古来为商旅歇宿、豪杰聚义、兵家必争的关隘要地。有一溪一河两条水路绕着镇子流过，流出镇口里把路远就汇合了。因而三面环水，是个狭长半岛似的地形。从镇里出发，往南过渡口，可下广东；往西去，过石拱桥，是一条通向广西的大路。不晓得是哪朝哪代，镇守这里的山官大人施行仁政，或者说是附庸风雅图个县志州史留名，命人傍着绿豆色的一溪一河，栽下了几长溜花枝招展、绿荫拂岸的木芙蓉，成为一镇的风水……

电影文学剧本《芙蓉镇》：

绵绵五岭山脉腹地的一弯平坝上，一条清溪与一条小河绕着雾霭弥漫的小镇流过。豆绿色的溪水与河水在距镇口里把路远的地方汇合了。溪边河岸，一溜溜木芙蓉树绿荫拂水；镇北靠山的一面，是一方方种着水芙蓉的池塘。那水芙蓉一派新绿，叶儿团团如盖，这就是芙蓉镇。

旻宏看完后，抬起头来，老师接着说："这部《芙蓉镇》的电影，是你爸爸妈妈像你这个年龄时播放的，由刘晓庆和姜文主演，当时可轰动了。这两段我们当它都是介绍说明文，前一段是小说《芙蓉镇》的开头，虽然也有视觉形象，但有许多叙述不能搬上银幕，比如芙蓉镇的位置和重要

性,以及得名芙蓉镇的缘由,由于没有视觉形象,是拍不出来的。第二段是电影文学剧本的开头,是由一幅幅画面组成的,视觉形象十分鲜明,可以拍成一个个镜头搬上银幕。由此可见,'视觉形象'是电影文学区别于小说等文学作品的重要特征。"

"还有,电影的视觉形象,就是一段段的电影画面。电影画面与一般绘画不同,绘画是人或景的一瞬间静止的图画;电影画面则是一系列活动的画面,行进中的画面,既包括空间也包括时间的画面。此外,电影画面的说明,还要辅以对话、声响、音乐,即是与听觉形象紧密结合的视觉形象。电影画面具有很强的真实感和生动性。你看,是不是啊?"

"是,是。《芙蓉镇》我们没看过,老师你说得对。我们几个同学看了《人再囧途之泰囧》,让我们从头笑到尾,是电影综合艺术的作用吧。"旻宏想转到新电影的讨论上来。从书包里拿出看电影时得到的资料。递到老师手上。

老师展开后,是电影院印发的广告。

《人再囧途之泰囧》剧情简介

商业成功人士徐朗(徐峥　饰)用了四年时间发明了一种叫"油霸"的神奇产品——每次汽车加油只需加到三分之二,再滴入两滴"油霸",油箱的汽油就会变成满满一箱;徐朗的同学兼项目有分歧的竞争对手高博(黄渤　饰)想把这个发明一次性卖给法国人。但徐朗坚决不同意,他希望深入开发研究,把"油霸"发扬光大,得到更长远的收益;两个人各抒己见,争论不休,一直无果。由于两人股份相同,唯有得到公司最大股东周扬的授权书,方可达到各自的目的。当得知周扬在泰国后,徐朗立刻启程寻找,而高博获悉后将一枚跟踪器放在徐朗身上一起去了泰国。飞机上,徐朗遇到了王宝(王宝强　饰)。别有心机的徐朗想利用他来摆脱对手高博的追赶,可他不仅没甩掉王宝,还成了他的"贴身保姆"……

究竟徐朗和高博谁会最终拿到周扬的授权书？而三个各怀目的的人又将带来一段如何爆笑的泰国神奇之旅？

《人再囧途之泰囧》看点

徐峥和王宝强泰国相逢，再遇囧事一箩筐，徐峥饰演的成功商务男依旧对王宝强充满鄙视。两人先后上演在寺庙遇到人妖和电梯里误会美女的无奈事件。而黄渤饰演的表情严肃的黑衣男，与两人纠缠不休，三人更是险些丧命……

电影《人再囧途之泰囧》就是"发生在泰国的囧事"。影片的灵感来自于导演徐峥在泰国旅游时，亲眼目睹的诸多好玩事儿。徐峥、王宝强"囧"人依旧，搞笑加码，还有一位超重量级神秘喜感大师倾情加盟，联袂主演，形成 2012 最强喜剧组合阵容，末日共赴泰国"三人行"，《人再囧途之泰囧》搞笑系数全面升级！

演职员表

演员表

主演:徐峥／王宝强／黄渤／范冰冰／陶虹

职员表

出品人:王长田、李晓萍、于宇昂

制作人:陈祉希、徐林

监制:徐峥、邝文伟、陈志良

导演:徐峥

副导演(助理):陈硕、冯小团、周易

编剧:徐峥、束焕、丁丁

摄影:宋晓飞

配乐:赵英俊、邓讴歌、Howie B

剪辑:屠亦然

说明文一传到位

美术设计:郝艺

动作指导:陈硕、李志杰

造型设计:郝艺

录音:董旭

剧务:刘刘

场记:杨雪华、毕鹏

出品公司:

北京光线影业有限公司[中国]

北京影艺通影视文化传媒有限公司[中国]

北京真乐道文化传播有限公司[中国]

黄渤工作室[中国]

发行公司:

北京光线影业有限公司[中国]

中影数字电影发展(北京)有限公司[中国]

华夏电影发行有限责任公司[中国]

演员介绍

徐峥

中国著名演员、导演,出生于上海,毕业于上海戏剧学院。演员代表作品有《春光灿烂猪八戒》、《李卫当官》、《爱情呼叫转移》、《人在囧途》、《大男当婚》等。其2012年自编、自导、自演的喜剧电影《人再囧途之泰囧》是中国电影史上单日和首周票房最高的华语电影,以及中国电影票房最高的导演处女作。

王宝强

出生于河北省邢台市南和县大会塔村,6岁时开始练习武术,8~14岁在河南嵩山少林寺做俗家弟子,之后来到北京闯天下,在各个剧组当武行做群众演员。16岁时,王宝强被导演李杨挑中,主演独立电影《盲井》。这部电影让他一夜之间从武行变成金马奖最佳新人。之后参演多部影视剧，以其草根形象深受观众喜爱。2011年6月，王宝强携新作《Hello！树先生》亮相上海电影节。2011年7月10日，在录制《非常静距离》时，王宝强首谈结婚生子的细节。

黄渤

中国著名的当红男演员、金马影帝。1974年出生于山东青岛，毕业于北京电影学院表演系配音专业。黄渤早年曾有过驻唱歌手、舞蹈教练、影视配音等多种工作经历。2006年因主演青年新锐导演宁浩执导的电影《疯狂的石头》而一举成名。2009年黄渤凭借影片《斗牛》夺得第46届台湾电影金马奖最佳男主角奖。

角色介绍

徐朗（徐铮 饰）

徐朗：商业成功人士，用了四年时间发明了一种叫"油霸"的神奇产品——每次汽车加油只需加到三分之二，再滴入两滴"油霸"，油箱的汽油就会变成满满一箱。希望深入开发研究，把"油霸"发扬光大，得到更长远的收益。

王宝（王宝强 饰）

王宝：外号宝宝，为满足患病母亲的愿望，带着健康树去泰国为母亲祈福，还要看泰国人妖、打泰拳，与徐朗结伴路上囧事不断。

高博（黄渤 饰）

高博：徐朗的大学同学，公司同事。想要把徐朗发明的油霸一次性的卖给法国人，但遭到徐朗的坚决反对。后误听王宝的话，怀疑徐朗给自己带了绿帽子。

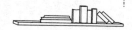

影片花絮

片名含义

对于"泰囧"这一神秘而又诙谐的名字,徐峥解释主要有三层含义:影片90%以上的故事发生在泰国;谐音是"太囧了";"泰"字有否极泰来的意味。

幕后花絮

*此片是徐峥的电影导演处女作,他在此片中担任监制、编剧、导演、主演这四项工作,另外还包括电影预告片的旁白配音制作。

*徐峥拍这部电影可谓一波三折,当初拿着《泰囧》的剧本和构思找电影公司投资合作多次被拒绝,后经朋友刘仪伟引荐给光线影业才达成合作。

*该片上映前的前期宣传中,声称该片为2010年热门电影《人在囧途》的"升级版",但剧情与前作无关,是全新的故事。

*此片是黄渤首次参与投资的电影,虽个人投资不大,但回报率将超过10倍。

徐峥、王宝强跨国上演囧人囧事

国内影坛两位非常具有个人特色的喜剧演员,徐峥与王宝强在《人在囧途》中的合作演出产生了良好的化学作用,此番再度联袂主演《泰囧》,跨国演绎囧人囧事,王宝强透露二人在剧中的角色将大有颠覆。王宝强称自己在片中的出场会吓到观众。有记者问及《泰囧》"兄弟组合+泰国奇遇"的模式是否有借鉴好莱坞电影《宿醉2》,徐峥回应"《宿醉》是很美国范儿的喜剧,很精彩,《宿醉2》就不太好看了,没了第一部的新鲜感,《泰囧》和它没有太相似的地方。"

徐峥与王宝强手持机票合影

《人在囧途》中,徐峥与王宝强上演的"同床共枕"等基情戏码令人印象深刻,这种男人间的兄弟情会在《泰囧》中延续。在开机见面会上,徐峥和王宝强很大方的当众卖腐,二人身着"泰囧"logo 的 T 恤亮相,徐峥笑称"这次我和宝强会有更深入的合作,会比《人在囧途》更基情",王宝强则将即日起程飞往泰国的机票送给徐峥,两人手持机票的合影,更被王宝强笑称"领证了!"

最炫"泰国风"

浓郁的丛林,河流中的大象让人感受到扑面而来的浓浓"泰国风"。《泰囧》99%的场景在泰国取景,充满异域风情的热带风光在正值冬日的贺岁档中更显温馨热闹。

在如画的风景中,徐峥、王宝强、黄渤则并不能好好休闲享受,而是一路追打、斗殴、探险……无事不囧,徐峥表示:"特别想让这几个主人公有一种'境由心生'的感觉,风景很优美,可人的状态很囧。但是在整个的旅途过程当中,其实是经历种种悲催的洗礼,心灵一层一层反而得到净化,到最后得到一种回归平和的心态。"

打造国民喜剧

徐峥导演表示:"喜剧已经被透支得太厉害了,很多人不去认真地做,这次我对质量很有信心,我们是花了很多心思的,所以相信观众一定可以在电影院里感受到。我是绝对严格地在做一部类型电影,我对观众的反应很敏感,这部电影所有目的就是为了让观众有特别愉悦的观影体验,我们希望我们的努力能够让观众满意。"

说明文一传到位

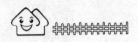

严肃型囧神:"高富帅"徐峥

演而优则导,徐峥在戏里塑造经典喜剧角色,在戏外则严肃认真,堪称"严肃型囧神"。首执导全权打造《人再囧途之泰囧》,徐峥对该片无论从剧本、拍摄、后期还是其他方面都以国际级喜剧水准严格要求。徐峥表示:"就是让大家高兴一下,这样一个磨难故事,事实上是把观众带入到主人公体验的位置上来,大家可以身临其境地去体验这段旅程,但最后其实会带给观众更多的东西,如果观众走出电影院时有一种满足感,我觉得那个才是真正的喜剧。"

憨厚型囧神:"阳光快乐的蠢萌青年"王宝强

《人再囧途之泰囧》中,王宝强的造型十分惹眼:漂染的金色 Bob 头,夸张的刺猬双肩包,手中不离仙人球,再配以王宝强各种怪异、喜庆的表情,一位个性十足的"阳光快乐蠢萌青年"就囧囧有神地登场。

"这次人物的造型和内心其实是完全不符的那种感觉,大家可能想象不到,以为这个人跟他的造型一样雷人,但其实不是",王宝强表示,自己一开始也不适应这个"洋气"造型,"毕竟没弄过那种金黄的头发,挺二挺招人烦的感觉,但是渐渐地就开始喜欢了,因为他的性格其实特别真诚、可爱,我就越演越快乐,越演越开心,到最后自己都被他感动了。"

机智型囧神:"悲催白骨精"黄渤

如果说徐峥和王宝强的组合延续了《人在囧途》的"衰运",那么黄渤的加入则令这对"囧组合"全面升级成为新的"囧神组合",可见他的戏份相当重要。黄渤表示:"这个人物身上的色彩性比较强,其实他的主要任务是给徐峥和王宝强施加压力、制造困难,是整个故事的一个推动器。然后徐峥遇到宝强很悲催,我让他们更悲催,但其实我比他们还悲催,这个角色很特别,和我以前演的都不同。"

导演徐峥以"白骨精"定义黄渤在戏中的角色,他的加入,令囧神组合的悲催指数直线升级:"我觉得黄渤完成得非常有趣,他既是一个反派,但是我相信观众也会,也会喜欢他,黄渤与生俱来有这样的能力!"

徐峥称《泰囧》会拍续集　不会被票房绑架

《人再囧途之泰囧》导演徐峥,近日携主创在北京举行答谢会。徐峥透露,《泰囧》会拍续集,但具体的故事还没想好,合作的演员也暂时未定。"我接下来要做的,就是好好想想故事该怎么发展。"他说,续集的故事起码要达到《泰囧》的水平才行,如果没有一个好的故事创意,他不会被票房绑架着急去拍续集。黄渤补充说,这几天他们私下聊的都是《泰囧》的不足,所以他觉得,他们还有成长的空间。

老师用了些时间,把这几张纸一口气看完,顾不上看剧照,说:"这几张纸的说明文广告,花点时间看完,给我们还没有看电影的人,一块诱饵,当这几张纸在全城中散发出去后,能为这部电影带来成千上万的票房收入。你们几个同学为电影作了贡献,电影院把广告发给你们,你们再交别人看,比如给我看,我们再去买票看电影。我们都成了说明文广告的'俘虏'啦。你说是吗?"

"好看的电影,花钱到影院去看,还是值得的。老师,以后有好电影,我们一起去看,回来也好听听你的评论分析。"

"好呀!"老师朋友说。

小结

说明文的种类

说明文的应用范围很广,种类也很多。

因为有不同的分类标准,可以把说明文再分为很多种。

从表现方法上分,可以分为两大类:

一、平实说明文(介绍性说明文、描述性说明文、阐述性说明文、应用性说明文);

二、文艺性说明文。

从解说的对象来分,可以分为:

一、科技性说明文;

二、非科技性说明文。

从解说对象的性质来分,可以分为:

一、具体事物的说明文;

二、抽象事物的说明文。

从写作的形式来分,可以分为:

一、条款式说明文;

二、概述式说明文;

三、复合式说明文。

其实,还可以分成许多种说明文。前面的老师已经介绍了,我们没必要再重复。

在现实生活中,又不断有新的需要提出写作的新文体,手机说明文,网络 QQ 交流,纯符号的沟通,都在扩大说明文文体的种类。

生存不息,文体不断,若干新品促旧品,这就是说明文的发展史。

第四章

说明文写作的自我提高

——第四招，写作技巧全攻略

训练是我们获得知识,提高能力的必经之路。学习写作说明文,同样要在老师指导下训练。要经过举例比较、理性归纳、写作练习三步。

旻宏约了朱丽西和周来文两位同学到家中,请老师朋友专门来讲一讲说明文写作训练的事。

老师朋友还没到,两位同学先来了。他们一边喝饮料,旻宏先说开了。

"说明文是以说明为主要表达方式,以解说事物、说明事理为主要内容的文章。今天请老师朋友来,请他说说写作训练的事情,帮助我们提高写好说明文的能力,是不是这样啊,朱、周同学?"

朱丽西同学说:"就那么容易? 说说就提高了吗?"

周文来同学未等朱丽西说完,抢着说:"你没听旻宏说,老师要说说写作训练的事,说说后,要训练才会提高能力。"

旻宏正色地说:"说明文写作与记叙文、议论文

周来文

写作关系非常密切。这一点，上课时老师也讲了。这是因为，记叙能力主要与具体表象、形象思维相联系，当然也有抽象逻辑思维，议论能力主要与抽象逻辑思维相联系，也有具体表象、形象思维的因素，说明能力则既与具体表象、形象思维紧密联系，又与抽象逻辑思维紧密联系。说明文写作训练，不仅能发展我们的说明能力，而且还有助于巩固记叙能力训练的成果和进一步培养议论能力，对现代语文写作能力的全面发展是极其有益的。"

旻宏的这一大段讲述，是背出来的，还是真懂了？两位同学听他讲完这段话，表情上似懂非懂的。

这时，老师朋友正站在旻宏坐的沙发后面。听见这段话，老师心里是很宽慰的。

"旻宏，老师来了。""老师，您坐。"

老师接过旻宏的话，说："和同学练习记叙文写作，重在训练一样，说明文写作也要重在训练。在《中学语文教学大纲》中，明确规定初中二年级学生要'能写五六百字的说明文，做到表达准确，条理清楚，抓住事物特征，运用分类、举例、列数字、作比较等说明方法'。你们想一想，在你们这个年级段，是不是有更高的要求？我们老师要和同学一起，从教和学的角度探讨说明文写作，采用科学的方法训练，才能符合《大纲》的要求。"

"老师，我们今天听你的。"旻宏说。意思是他不打岔。

"首先，我们将说明文同记叙文、议论文加以比较，才能明显看到学习说明文与学习其他文种既有相同之处，也有不同之处。比较是思维的一种重要形式，是认识事物的一种基本方法。通过对同属一类的事物的比较，可以找出此事物与他事物的相同点，识别几种事物的相异点，才能准确把握事物的特征。

说明文写作训练，重视的是文体比较，将说明文同记叙文、议论文加以区别，让我们掌握说明文的文体特征。"

老师从几位同学的眼神中，看出他们在跟着自己的思路走。

"比较,是说明文写作训练的入手处。同学们写说明文的一个难点,是不善于区分说明文与记叙文,说明文与议论文的不同点。特别是在说明文写作训练初期,这个问题更加突出,甚至到了中学毕业,有些学生仍然搞不清说明文与记叙文的区别。"老师停了一下。

"这不要紧,老师的任务,是在训练中帮助同学们。中学生不善予区别说明文与记叙文、说明文与议论文的不同点,有客观原因,这就是记叙、说明、议论联系紧密,不易形成精确的划分。要区分记叙与议论还比较容易,这是因为它们的差别大,要区分记叙与说明、说明与议论就不容易,因为说明中常有记叙的因素,议论中常有说明的因素,它们的差别不像记叙和议论的差别那样显著。"

三位同学认真地听着。

"除了客观原因,还有主观原因,同学们主要是受思维定势的影响。定势是由一定的心理活动所形成的准备状态,决定着同类后继活动的趋势。定势是产生错觉的一个原因,如果情境发生了变化,已经形成的定势对后继的活动就会发生干扰,起妨碍作用。中学生一般是先学记叙文,阅读写作最多的也是记叙文,这就形成了一种定势,容易使后学的说明文受到先学的记叙文的影响,把两者混淆起来。"

旻宏终于忍不住,又插话了。

"是,是。先学记叙文,后来学说明文的时候,脑筋总是拐不过来。"

两位同学用手势,让旻宏打住。

"所以,我们的训练要从比较入手,让同学们搞清楚说明文同记叙文、议论文的区别,特别是要搞清楚同记叙文的区别。"

"我们在说明文写作训练中,文体比较训练大体上可分三步进行,需要不断加以反复,站稳后再前进。"

第一步是举例比较。

老师拿出已复印好的几张纸,让三人读读上面的文字。

(武松)放翻身体,却待要睡,只见发起一阵狂风来。……那一阵风

065

过处,只听得乱树背后扑地一声响,跳出一只吊睛白额大虫来。……那个大虫又饥又渴,把两只爪在地下略按一按,和身望上一扑,从半空中撺将下来。武松被那一惊,酒都做冷汗出了。说时迟,那时快,武松见大虫扑来,只一闪,闪在大虫背后。那大虫背后看人最难,便把前爪搭在地下,把肥胯一掀,掀将起来。武松只一闪,闪在一旁。大虫见掀他不着,吼一声,却似半天里起个霹雳,震得那山冈也动,把那铁棒也似虎尾倒竖起来,只一剪。武松却又闪在一边。原来那大虫拿人,只是一扑,一掀、一剪;三般提不着时,气性先自没了一半。

虎是哺乳动物,毛黄色,有黑色的斑纹,听觉和嗅觉都很敏锐,性凶猛,力气大,夜里出来捕食鸟兽,有时伤害人。毛皮可以做毯子和椅垫,骨,血和内脏都可以制药。通称老虎。

在野兽面前,不可以表示丝毫的怯懦。我们要学景阳冈上的武松。在武松看来,景阳冈上的老虎,刺激它也是那样,不刺激它也是那样,总是要吃人的。或者把老虎打死,或者被老虎吃掉,二者必居其一。

这是老师找来的关于虎的三种不同的表达。第一段是大家熟悉的《水浒》中,武松打虎的情景,第二段是《现代汉语词典》533 页对虎的词语解释,第三段是毛泽东写的《论人民民主专政》。

"老师,这种比较是显而易见的。这三段文字都写到老虎。第一段,记叙了老虎的活动,描写了老虎抓扑武松的动作,是记叙性文字;第二段,介绍了老虎的外形、特点、习性和身体组织器官对人的功用,是说明性文字;第三段,用景阳冈武松打虎的实例作论据,论述对野兽不可以表示丝毫的怯懦,对反动派也不可以表示丝毫的怯懦,是议论性文字。"这次是朱丽西插话了。实际上,老师正等着同学发言哩。

老师用的方法,就是由浅入深,在开始阶段多举实例,同一题材分别举出记叙、说明,议论的文字,让同学们进行具体比较,这种比较联系了同学们的过去知识储存,效果较好。

"第二步,我们进行理性归纳。刚才大家看到的实例,比较容易区别。我们还要讲解文体知识,从道理上加以归纳。重点放在区别记叙文、说明文、议论文的本质特征上,让同学们准确把握说明文的体裁特点。记叙文具有具体形象性,一般要反映作者的思想倾向;议论文着重分析评论,要通过辩论是非曲直来宣传作者的主张,具有论证性,更要表现作者的思想倾向。而说明文则着重于解说事物、阐明事理,向读者介绍知识,具有知识性、客观性、说明性。"

"也就是说,说明文带有客观解说的性质,它一般不表示作者的主张和思想感情倾向。正如老教师胡怀琛在1933年出版的《说明文作法范例》中所指出的:'说明文既然是为他人的便利而作,那么当然是客观的,而不是主观的。'换句话说,就是'只是客观的解释,而不参加自己的议论'。陈望道在《作文法讲义》中也指出:'记叙文可以立主旨,因此可以带着个人的色彩,解释文即说明文,是以使人理解为旨趣的,却该全然抛离作者自己的趣味、倾向等个人色彩,全然站在公平无私的境地。'当然,在某些情况下,如介绍劳动人民的创造、祖国的成就和悠久文化时,说明文又是有一定思想倾向的,带着感情色彩的,茅以升的《中国石拱桥》就是这样。我们在理性上抓住了说明文的客观解说性这一本质特征,就能把它同记叙文、议论文从根本上加以区分。"

这是老师的习惯,说了一段,稍停一下,让听的人有回味的时间。

"我们以具体材料为基础,上升到带规律性的知识。刚才大家读的材料,切合你们的经验,切合你们的读写实际,归纳概括就比较容易。例如,读到的那组有关写老虎的材料,就易于归纳:《现代汉语词典》对老虎的介绍,完全是客观解说,不带作者任何一点主观感情色彩;《水浒》对老虎抓扑武松的叙述、描写,既生动地写出了老虎的凶狠,又具体揭示出老虎本领有限,'只是一扑,一掀,一剪,三般提不着时,气性先自没了一半',字里行间蕴藏着贬抑老虎、赞美打虎英雄武松的思想感情,倾向性是比较明显的;毛泽东对武松打虎的分析、论述,表达了对吃人的野

说明文一传到位

兽、对中外反动派'不可以表示丝毫的怯懦'的明确观点,倾向性是极其明显的。"

"你们看看,是不是这样啊?"

旻宏的外婆给大家续水了,说:"老师,休息一会吧,看你累的。"

"第三就是写作练习。"

"从说明文与记叙文、议论文的比较入手,学习写作说明文,通过举例比较、理性归纳,我们能把握三者的区别,但要转化为作文能力,关键还在于写作实践。组织说明文、记叙文、议论文的比较性写作练习,我们用同一题材进行训练,让同学们分别写成说明文、记叙文、议论文。"

"好,好。"又是旻宏抢先答话。

"有一幅挖井找水的图画,一人手持铁铲,已经挖了许多深浅不一的坑了,始终没有挖到出水层。这幅图的标题是'这里没有水,换个地方挖',对这幅图可以写成说明性、议论性文字,也可用来写成记叙性文字。同一题材,三种表达的写作训练,从实践中加以比较,就能突破难点,强化区别,以利于同学们掌握说明文的写作特点,写好说明文。

"如果材料适合,也可进行文体改写练习,如将一篇记叙文改写成说明文。这种改写带有再创造的性质,不仅文章的材料要有所改变,而且表达的方式也要有所改变,能帮助同学们更好地掌握说明文的体裁特征知识和写作能力。

"写作说明文,对于同学们,一个重要的问题是积累知识经验。说明文具有知识性,写作说明文的目的是为了向读者介绍知识经验,使人有所知。学生们正处在求知识,长知识的阶段,一般说来,我们对要说明的对象还是比较缺乏知识经验的,因而既不会说明事物,也难于说明事理。俗话说,'巧妇难为无米之炊。'说明文写作训练的实践证明,同学们初步掌握说明的方法是不太难的,困难在于知识经验储备较少,对说明的对象既无充分的感性经验,又无足够的理性知识。因此,帮助同学们积累知识经验,就成了说明文写作训练的一项基础工作。"

"老师说得太对了。我们怕写作,最重要的原因,是我们脑子里的东西太少了。一点点材料,不够煮稀饭,哪能写好介绍知识,说明事理的说明文呢?"又是旻宏插嘴。

"老师,说到知识积累,有人说世界上的知识只有两种,一种是直接的知识经验,第二种是间接的知识。"周文来同学接在旻宏后面说话了。

"对的。相比较而言,直接的知识经验是写作说明文的基础。"

"积累直接的知识经验主要靠生活实践,通过活动亲自去进行观察、了解和体验,获得第一手材料。没有生活实践,没有直接的观察,是不可能获得、积累直接的知识经验的。"

"学校为了使学生取得更多的直接的知识经验,经常组织专门的活动,让同学们对被说明对象进行客观的精确的观察。必要时,还要参加劳动生产,进行实际操作。"

"有一位教师在教了八篇不同类型的说明文之后,布置初中年级学生写一篇说明文。时间正值初冬,是江南乡村制作'香菜'、'萝卜干'和'豆腐卤'等咸菜的季节。这位教师要求同学们回家去帮助家里人制作这些咸菜,留心掌握其中一种咸菜的制作方法和注意事项,结合学过的范文,写一篇以制作某种咸菜为内容的说明文。学生们通过亲自观察和操作,获得了实际经验,写出了好多篇比较好的说明文。这种训练方法,一时传为说明文写作训练的佳话。"

"对城市的学生,让他们在家里做一件家务事,比如洗衣、做饭、收拾房间、沏茶等,在做之前要注意观察,考虑好准备工作和程序,做的时候用心记下操作过程中,记下象物的变化。做完的当天,写出做'家务事说明文'"。

"老师,我们在读小学的时候,老师就布置过,我写的是学煮面条。"朱丽西说。

"我写的是炒鸡蛋饭。"周文来说。

"我写的是沏茶,是写沏都匀毛尖,写了茶在水中的变化,注意观察后,写出来的文章,就是不一样。"旻宏说。

"好,好。以后同学们要养成主动观察的好习惯。"

"处处留心皆学问嘛,这是老师朋友要我时常做的,是吧。"旻宏又插上来了。

"同学们积累直接的知识经验,除利用作文课的时间组织专门参观、观察外,更重要的是向课外延伸,把大自然和社会作为课堂,同学们直接面向生活,主动观察,积极参加各种活动,从中摄取丰富的材料。这是积累直接经验最广大的源泉,只要有了这个'源',同学们的知识经验就会丰富起来。因此,在说明文写作训练中,要重视同学们的课外活动、校外活动,让同学们在课余时间或寒暑假期间,主动积极地去观察事物,积累经验。最好是带着写作说明文的任务去观察,去参加有关的活动。"

"积累间接的知识,也很重要。我们获得的知识总量,绝大部分来源于间接知识。人的知识积累方面的差别,主要看间接知识的积累量。"

"我姐姐特别喜欢看书,她看了许多课外书,写出的作文,不像中学生的口吻,很老练啊。"

"同学们积累直接的知识经验受到时间、空间的限制,不能事事亲知,积累间接的知识,就成了突破训练难点的有效措施之一。向同学们提供资料,同学们根提供说明对象的有关材料写作说明文。这种给材料的说明文写作训练,可以弥补同学们知识的不足,让同学们参阅有关的资料,加以发挥,写成说明文,这样训练降低说明文写作训练的难度,又训练了同学们查找资料,运用资料的能力。"

"我这里有大豆的材料,你们可以写成有关大豆的科技说明文。"

大 豆

1. 大豆是豆科植物,有黄、青、黑、褐等不同颜色。

2. 大豆除供食用外,还可以制造肥皂、甘油、油漆、润滑油、医药用品、塑料,根、茎、叶还可以造纸。

3. 大豆营养丰富,蛋白质含量近40%,比牛、羊猪等肉类的含量都高,被称为"植物肉中之王"。

4. 公元前1000多年,我国商朝就开始栽培大豆。

5. 大豆由我国传到日本,现在已经分布到世界大部分地区了。

"同学们除了写作大豆的说明文,还可以以'纸'为题写说明文,虽然同学们天天都接触'纸',但对纸的历史、纸的制造、纸的种类、纸的用途、纸的发展前景,还缺乏充分的科学知识。"

"是的,我们还可以写'笔'的说明文,写'鞋'的说明文,写'帽'的说明文。丽西、文来同学,我们向语文课何老师建议,每组写一件我们学习或生活中的物件,大家相互观摩,不是同时都积累了许多的知识了吗?"

旻宏这次的打岔,得到老师朋友的表扬:"我赞成,这个方法好,从我们熟悉的物件的说明训练开始,掌握了写作方法,可以举一反三,写作能力肯定能提高。"

老师又取出一张纸,交给朱丽西同学,"请你念念上面的内容,我们再议一下。"

一位老师教了《南州六月荔枝丹》后,要求学生写一篇说明柿子的文章。他从以下几个方面进行指导。

第一,查资料。发动同学广泛查阅各种资料,从多种角度认识柿子。有的查阅《辞海》,有的查阅报刊,有的查阅植物学。有个学生的家长是医务工作者,她就充分利用这一条件,查阅了中药药典,她对柿子用途的说明比较全面。通过查资料,纠正了一些模糊概念。没查之前,同学们虽然吃过柿子,但对柿蒂下面的萼片却说不清,认为只是一片叶子托着。

第二,问能者。引导同学去问生物老师,问懂柿子的人。不少同学就趁买柿子的机会,问从柿子产地来的农民、小贩。通过问,同学们获得了许多关于柿子的知识。比如,有的磨盘柿可重达六七两,就是问来的

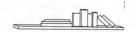

知识。

第三,仔细看。这位教师要求每个同学看柿子。要认真观察它的内部,看果肉的颜色、质地、果核的分布、果皮的厚薄。这样做了以后,有的同学深有体会地说:"原先,买了就只顾吃,吃了那么多柿子,还不知道柿子什么样。这一看,是可以写它一大篇。"

第四,亲手试。要同学们亲手量柿子的直径、高度、皮的厚薄。还要亲自称柿子的重量。不只称一个,要多称几个,算出一般的重量。

第五,亲口尝。平时,只是吃下去就算了。这次,要求大家要细细品一品,品出它的特有味道,品出吃后的感觉。有的同学真是一边用刀切,一边品尝,一边写,把品尝的感受及时转化成文字表达出来。

这样写,同学们感到很新鲜,从而提高了写作的兴趣。

由于作了以上的准备,学生普遍反映这次作文好写了。

朱丽西读完后,用眼看着老师,等待老师的讲解。

"这是一个以前刊登在《中学语文教学》中的教学实例。这个教例中,第一、二项是帮助学生通过查资料、问能者积累间接的知识经验;其余三项是帮助学生从仔细看、亲手试、亲口尝的过程中积累直接的知识经验;发挥了各种感官的作用,纠正了学生有关柿子的一些模糊概念,弥补了学生知识经验的一些缺陷,为学生提供了说明的比较准确的材料和知识,因而能收到良好的训练效果。"

"现在,我们写柿子,不会找老农问了,会到网上去查,又快、又准、资料又多,效果不会比找人问的差。"

旻宏正要去书房,上网查一查柿子。朱丽西说:"先听老师讲讲,网上查资料有时间。"

旻宏还是到书房,不一会,拿着已经打印出来的一张纸。

品　种

　　柿子的品种有 1000 多个,又根据其在树上成熟前能否自然脱涩分为涩柿和甜柿两类。后者主要是来自该品种中的"冬柿",成熟时已经脱涩。而前者(中国上市的柿子大多数属于此类)必须在采摘后先经人工脱涩后方可供食用,引起涩柿涩味的物质基础是鞣酸(又称单宁酸)。

　　催熟柿子的方法有多种,如将柿子与其他成熟水果放在一起,成熟水果释放出的乙烯等气体能促进柿子脱涩。农村一般用石灰水浸泡,这样获得的脱涩果品脆一些,北方人称为"醂柿子"。在柿子的主产地广西平乐县,柿农一般都会在柿子成熟后摘下去皮加工成柿饼,这样可以提高柿子的产值,提高农民收入。所以平乐也被称为中国的柿饼之乡。

分布及生产

　　目前,中国是世界上产柿最多的国家,年产鲜柿 70 万吨。柿子品种繁多,约有 300 多种。从色泽上可分为红柿、黄柿、青柿、朱柿、白柿、乌柿等,从果形上可分为圆柿、长柿、方柿、葫芦柿、牛心柿等。在长期的风土驯化和生产实践中,人们培育出不少优良品种,特别著名的有:产于华北的"世界第一优良种"的大盘柿,广西平乐县的黄金柿,河北、山东一带出产的莲花柿、镜面柿,陕西泾阳、三原一带出产的鸡心黄柿,陕西富平的尖柿,浙江杭州古荡一带的方柿,被誉为中国六大名柿。此外,还有陕西临潼的火晶柿、华县的陆柿、彬县的尖顶柿,山东青岛的金瓶柿、益都的大萼子柿等都是国内有名的柿子。这些名种柿子,皮薄、肉细、个儿大、汁甜如蜜,深受广大消费者的青睐。

　　大家传看了一下,老师接着说:"现代网络信息,太方便了,能帮助我们在短时间获得那么多间接知识,对我们写作的帮助,实在是太大了。"

　　"在说明文写作学习中,要抓住特点进行说明,这是写作训练的重

点。因为任何事物自身都包含着特殊的矛盾,这种特殊的矛盾,构成了一事物区别于其他事物的特殊本质。只有抓住这种特殊点,才有可能区分事物,把事物的性质说清楚。我们这些十三四岁到二十来岁的同学,由于知识经验不丰富,观察事物不细致、不深刻,又不容易抓住事物的特点,难于把这一事物与另一事物相区别的特殊点说清楚。"

"我们还是来看一两篇范例吧。对范文进行的剖析,侧重研究作者是怎样按照事物本身的特点进行说明的。宋代科学家沈括在《活板》里对活板的说明,可以作为启发同学的范例。请周来文同学读读这篇说明文。"

有布衣毕昇,又为活板。其法:用胶泥刻字,薄如钱唇,每字为一印,火烧令坚。先设一铁板,其上以松脂、蜡和纸灰之类冒之。欲印,则以一铁范置铁板上,乃密布字印,满铁范为一板,持就火炀之,药稍熔,则以一平板按其面,则字平如砥。若止印三二本,未为简易,若印数十百千本,则极为神速。常作二铁板,一板印刷,一板已自布字,此印者才毕,则第二板已具,更互用之,瞬息可就。每一字皆有数印,如"之"、"也"等字,每字有二十余印,以备一板内有重复者。不用,则以纸帖之,每韵为一帖,本格贮之。有奇字素无备者,旋刻之,以草火烧,瞬息可成。不以木为之者,文理有疏密,沾水则高下不平,兼与药相粘,不可取;不若燔土,用讫再火令药熔,以手拂之,其印自落,殊不沾污。

周来文同学读完,像朱丽西同学一样,用眼看着老师,等待老师的讲解。

"这段说明抓住'活'这一个特点,依次写了'活板'刻字、制版、印刷的方法,解释了用胶泥刻字而不用木块刻字的原因,讲清了'活板'的优越性,把有关'活板'印刷术的知识说得非常明白。你们看,是不是这样呢?"老师扫视三位同学,想从他们脸上看出点什么问题来。

"多年前,北京市景山中学的两位教师,在说明文教课时,选了《核舟记》这篇古代说明文作范例，让学生自读，然后由学生和教师一起分析，告诉同学们，这篇文章抓住了核舟的空间顺序和核舟小而人物器皿虽多但又各具特点来写作的。这样，同学们获得了鲜明印象：写作说明文必须抓住事物的特点。这篇文章我也为同学们准备了，你们回头再读。"

"我们抓住特点进行说明，要注重实物观察。这一点同记叙文'写生'训练是相同的。差别是记叙文'写生'侧重在形象的如实描摹，说明'写生'，侧重在事物特点的具体说明。要进行说明性'写生'，就要认真观察实物的特点，然后用语言文字表达出来。"

"重庆钢铁公司子弟中学，秦蜀冀老师重视'写生作文'训练，用实物写生的方法指导同学们写记叙文、说明文。他在让同学们训练'陶瓷奔马'写生时，就是抓住特点进行说明的成功教例。"

"上课时，秦老师先向同学们讲解'写生'的三条基本要求：第一，认真观察，抓住特征；第二，具体形象，准确鲜明；第三，层次清楚，方法明确。然后指导同学们观察写生对象——一匹上了釉的陶瓷奔马。让同学们边观察，边讨论，很快从整体上得出结论：这匹马的特征集中在一个'奔'字上。"

"教师提醒同学们注意，这'奔'，既是陶瓷工艺师塑造这匹马的'匠心'，也是这篇写生作文的'中心'，同学们在观察体验马的每一个局部造型时，要特别留意工艺师是怎样突出表现这个'奔'字的。"

"接下去，依照由前到后、由上到下、由左到右的顺序观察这件工艺品的构造。"

马头：嘴：张开口嘶鸣；鼻：似乎扇动着鼻翼，喷出团团白烟；耳：又小又尖，向上竖着。

马脖：昂着，鬃毛根根直立。

马身：肌肉饱绽，浑身是劲。

屁股：圆溜溜的。

说明文一传到位

马尾:上翘,尾毛随风飘拂。

前腿:左:向前伸出,与底座相连;右:前举、曲腿、后蹬。

后腿:左、右,同时向后蹬出。

底座:扁圆柱形托着马的肚子。

通过对局部的观察,既把握了马的每一个部位的特点,又从整体上突出了"奔"这个总特点,最后指导同学们写作说明文,所以训练收到了良好的效果。当年一位同学写的作文,被老师朋友打印出来,送给旻宏、朱丽西、周文来每人一张。

陶瓷奔马

讲台上放着一匹上了釉的陶瓷奔马。这马浑身乌黑发亮,昂头翘尾,三蹄腾空,成奔驰状。长约三十厘米,高约二十厘米。

一个高约十厘米的黑色底座,在马腹处将整匹马凌空托起。

马头微昂,正张口嘶鸣,两个鼻孔似乎正呼哧呼哧地喷吐着团团白烟。两眼直视前方,目不转睛地注视着奔向的目标。两只又小又尖的耳朵向上竖着,像在倾听什么声音似的。马脖子粗壮有力,鬃毛根根直立,好像也在为奔驰而使劲。

马的体态轻盈矫捷,浑身是劲。屁股溜圆,尾巴因用劲而向上翘,尾毛随风飘拂,好似一朵浮在空中的黑云。

这马三蹄腾空,左前腿前伸,与底座相连,增加了马的稳度。右前腿,前举、曲腿、后蹬,使马显得格外雄健。两条有力的后腿同时向后蹬出,身后仿佛扬起阵阵尘土。

三位同学分别读完了这以"奔"为主题的"陶瓷奔马"的器物说明文,眼前似乎已经看见了这匹奔马,手可抚摸到这匹奔马,心已随奔马而驰。

"同学们，我们写作说明文，不仅要做到表达准确，条理清楚，抓住事物特征，还要由准确平实的写作提升到生动有趣的写作。"

"中学生开始学写说明文，往往追求生动有趣，过多地加上一些描写因素，反而把事物说不清楚。当然，也有一些学生在相当长的时间内，停留在条分缕析的平实说明上，而不能写得生动有趣一些。因此，说明文写作训练要正确处理准确平实与生动有趣的关系。一般说来，应先求准确平实，后求生动有趣，在准确的基础上求生动。"

"对，对，对。老师说到我们的软肋上了，两种毛病我都犯过……"

"还是请老师讲吧。"

"由准确平实到生动有趣，是写作说明文能力逐步提高的过程。可按这样的次序进行训练。

"首先，先写平实的说明文。平实的说明文，要求如实地反映客观事物，能抓住事物的特点，用准确，简明的语言把事物条分缕析地说清楚就可以了。中学生写作说明文，应以平实的说明为主。特别是在说明文写作训练初期，更要扎扎实实打好平实说明文写作这个基础。

"写作平实说明文训练容易收效。只要对说明对象进行仔细观察，具备有关的基本知识，初步掌握说明方法，有一定的语言文字表达能力，就能把事物说明白。它一般不借助于生动细致的描写，以简练平实为其主要特征，因而训练的难度不大。从平实说明文训练入手是符合由易到难的规律的。

"中学生往往认为平实说明文比较简单，因而不大感兴趣。教师要善于把说明文写作与学生的日常生活以及感兴趣的事物联系起来，让他们感到生活中处处都需要说明文。即使不能引发实际的需要，也要创设假想的需要。如要求学生为新同学介绍学校的情况，向本班的同学报告某个实验的内容、程序和方法，讲解某项比赛的规则，向老师说明学习的计划，都可使学生产生需求感，成为写作平实说明文的动因。

"其次是适当增加说明中的描写因素。说明文以说明为主要表达方式，也可加进描写因素，以便说明得生动些，形象些。针对说明文本身

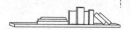

具有描写因素以及学生喜欢描写的特点，可以在准确平实的基础上，适当进行描写性说明的训练，从而提高学生的说明能力。"

"老师，在《陶瓷奔马》这篇说明文中，就有描写的成分。"

"在说明文写作的描写性说明训练中，要强化记叙文的描写与说明文的描写的区别，帮助同学们正确把握说明文的描写因素。"老师朋友没有被"打岔"而停下来，他继续说。

"要举出实例，重在辨析。可着重强调两者作用不同，目的有异。记叙文的描写是通过描摹来再现事物的形象，把人物和事件刻画得生动形象，从而表达文章的主题思想。而说明文的描写则是为了生动进行说明，它只是在说明事物的过程中，借助于某些形象化的手法，对事物的特点作一些形象化的描绘，主要起到具体说明事物的作用。搞清楚了说明文的描写的作用，弄明白了描写同说明的关系，就能帮助同学们克服说明文写作中为描写而描写的毛病。此外还要注意说明文的描写成分在比例上应有适当控制，一般不能大量运用；描写用词准确，是为说明而进行的描写。

"第三，我们要尝试性进行科学小品的写作练习。"

"好，好。我就喜欢科学小品。"周文来这次插话了。

"科学小品，是带有文学性的科技说明文。它运用文学笔调，采用比喻、夸张，拟人等修辞手法，写得生动活泼，富于情趣。科学小品运用文学笔调，是为了生动有趣地介绍科学知识，仍然是以说明的准确性为前提的。中学语文教材选了一些有趣的科学小品，是学生学习科学小品写作的范例。同学们尝试进行科学小品的写作并不是搞创作，仍然属于说明文写作训练。由写平实的说明文到写科学小品，适当增加说明中的描写因素是一种很好的过渡形式。写作科学小品的要求不能过高，只要同学们能用一些文学描写的方法，能运用生动的比喻、夸张、拟人等修辞手法，对事物进行了生动有趣的说明，就算达到了训练目标。华东师大二附中初中年级在说明文教学中，先选八篇科学小品，用八小时略讲，着重学习科学小品的特点，学习科学小品的文学笔法，然后把从报刊上挑选来的科学知识印发给同学们,要求同学们写科学小品。"

"我们也可以试一下。"

"这些科学知识的材料,没有故事情节。有一则材料是这样的:'"黄鼠狼给鸡拜年,没安好心"这个说法不正确。黄鼠狼其实不大吃鸡,它却是蛇的天敌,又是捕鼠能手。一只黄鼠狼平均一年可以消灭三四百只老鼠。'要求学生用童话、故事或拟人手法来介绍这些科学知识,结果写出了不少生动活泼、引人入胜的科学小品。其中有一篇题为'平反法庭'的作文,写黄鼠狼被控告偷吃了鸡仔,动物法庭开庭对它进行审判,老鼠窃取了首席法官的大权,要治黄鼠狼的罪。这时,正直的獴自告奋勇出来充当黄鼠狼的辩护律师,用大量确凿的统计数字和无可辩驳的事实,为黄鼠狼辩解,同时揭露了老鼠的鬼蜮伎俩,于是兔子取而代之,当了首席法官,宣布黄鼠狼无罪获释,并予平反。"

"真有创意。"

"由准确平实到生动有趣的训练要反复进行。关键在于把握两种写法的特征。可通过改写来练习,从比较中学习。改写的形式,一种是将科学小品改为平实的说明文。高中的《蝉》是篇科学小品,有这样一道练习题:'这篇说明文是科学小品,它为了引起广大读者的兴趣,写得生动活泼。有许多地方把蝉人格化了,其实蝉并不具备人的思想感情。试用平实的语言写一个片断,介绍蝉从卵到幼虫,从幼虫到成虫的生长过程,要求不超过二百字。'"

"建议同学们找来《南州六月荔枝丹》,在课后练习中,对照摘引《辞海》中的条目'荔枝',指出它的文字平实,多用科学术语;是一篇科学小品,兼用文艺性笔调,要求同学们以本文和《辞海》中的条目'荔枝'文字为基本材料,用通俗的语言写一篇介绍荔枝的讲话稿,在学习小组宣读。这种改写练习,能使学生把握科学小品与平实说明文的特征,提高写作平实说明文的能力。"

"另一种恰相反,是将平实的科技说明文改写为科学小品。这种改写的难度较大,可以先选说明内容简单一点的,让同学们用比喻、夸张、

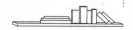

拟人的手法去作说明介绍,使之生动有趣。这种改写比独立写科学小品要容易一些,主要是用现成的说明材料为凭借,因而比独立搜集材料写科学小品的难度要小很多。"

老师的这一番话,给几位学习说明文的同学很大启发。

老师接着说,"练习写作说明文的方法是说明文写作的基本技能训练,对发展同学们写作说明文能力起到重要作用。所有作用的实现,还在于动手写说明文。"

老师看着同学们好学上进的样子,心里高兴,从包里拿出一张纸。交给周来文。"请来文同学读给大家听听吧。"

周来文操着普通话,认真地朗诵起来。

清　明

(唐)杜牧

清明时节雨纷纷,路上行人欲断魂。

借问酒家何处有,牧童遥指杏花村。

读完后,大家都丈二金刚——摸不着头脑。老师让周来文翻过纸条背面,再读几段给大家听听。

周来文读道:将《清明》诗,改几处断句,就会变成一首新颖别致的小令:

清　明(小令)

清明时节雨。纷纷路上行人,欲断魂。

借问酒家何处,有牧童,遥指杏花村。

还可以把《清明》诗改成戏剧小节目:

清　明（戏剧）

（时间）清明时节。

（景别）雨纷纷。

（地点）路上。

（幕启）行人：（欲断魂）借问，酒家何处有？

　　牧童：（遥指）杏花村。

再可以把《清明》诗变成散文式的广告：

清　明（广告创意）

清明时节，雨纷纷。路上，行人欲断魂。借问酒家何处？

有，牧童遥指杏花村。

当同学们惊喜的时候，老师说："你们看，大家熟悉的唐诗，稍动动标点符号，就换了几副面孔，以不同的文体呈现出来。只要同学们爱学习，善学习，我们的说明文训练，一定会别具一格，让大家播种希望，耕耘兴趣，收获喜悦！"

"老师，你给我们布置点课后作业，让我们在愉快中完成，在惊喜中收获吧。"旻宏的反应真快，他好像揣摩出老师朋友有新任务给大家，不如先争取主动吧。

"好的，好的。"

"我先给大家读两篇说明式的创意脚本。大家先体会体会，我们做一次现场'创意比赛'。好吗？"

"好的，好的。"又是旻宏抢先。

"同学们生活在享受现代文明的信息时代，能体会到电信技术帮助人类实现沟通的便利。我们就用'电信帮助人类实现沟通'为主题，每位同学思考 5 分钟，讲一条创意，然后再写出来。我先'抛砖'，读两条

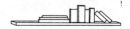

创意给同学们听一听。"

历史篇

中国古代边塞狼烟
在漫天大雪中
一柱柱升向阴霾的天空

古希腊人手举火炬
在荒野丛林中
奔跑着向远方传去信息

印第安人划独木舟
在密西西比河中
手作话筒向岸上大声喊

古驿道上快马信使
扬起的尘烟里
马背上的人背上的黄卷
颠上颠下颤颤巍巍

高楼平台放飞信鸽
红脚上的纸卷
随白鸽飞向蓝天白云间
时而报翼时而滑翔
手上信鸽纸卷展开
阅卷人喜上眉梢热心头

信息帮助人们实现沟通

接亲篇

奶奶结婚坐花轿

颠颠簸簸到婆家

高山顶上设一瞭望哨

看见花轿大声喊

应山应水："新娘到！"

妈妈结婚骑单车

爸爸蹬车上大坡

山坳里有人用话筒

高声传递大喜事："新娘到！"

我结婚时坐摩托

前呼后拥好几辆

刚出家门就打电话："车队出发了！"

走到半道打手机："半小时后就到达！"

快到婆家我用手机叫一声："爸、妈，

我们就到啦！"

电信帮助人们实现沟通

老师读完第二条创意文案，旻宏就迫不及待地要说话了。被周来文用手势向他示意："请老师解释，别打岔。"

"同学们能听得出，为说明'电信帮助人们实现沟通'，第一条用了世界多个国家和地区，在古代用什么方式实现信息的传递。第二条是我国几代人在结婚过程中，送亲、迎亲需要沟通信息所采用的不同方式，电信技术更为便捷。"

"在表达主题的写作方面，具体遵循了说明文的写作要求：'直奔主题，简明扼要；表述直观，精准恰当。'每句话就是一幅画、一个场景，能表现出来、能表演出来。我们可以把这种说明文，称为创意脚本。"

说明文一传到位

"好啦,同学们想一想怎样表现'电信帮助人们实现沟通'的主题,我给同学们几张纸,自己先思考,用字把思维的轨迹写在纸上,字、词、句,符号都可以,用只言片语赶快记录下想到的思路,赶快抓住灵感。然后再完善它,用恰当的语言说明主题。"

老师向同学们发出几张纸。自己打开当天的报纸,慢慢翻看。

不知不觉中,周来文同学已经写好了。还在手上把玩,等待朱丽西和旻宏。

老师接过周来文的稿子。

老师接过周来文的稿子

恋爱篇

一对恋人

在小咖啡馆坐着

烛光摇曳

烛将尽始终没有一句话

一对恋人

在小河边长凳上

波光粼粼

初月倒影

始终没有一句话

一对恋人

在铺满黄叶的小径

脚下沙沙

风声轻轻

始终没有一句话

男青年坐在计算机前

以手击键

快速打字

显示器出来一排字

"对不起,我真的很爱你"

几乎是同时发出

也是同时收到

计算机幻化成两颗心

靠近靠近叠在了一起

粉红浅红深红大红的心

电信帮助人们实现沟通

朱丽西是第二个完成的,还舍不得出手,等老师伸手来要。

海洋篇

巨轮在大洋上航行

时而风平浪静

劈波斩浪平稳航行

时而风浪大作

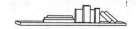

穿浪跨波顶风前进

远处的地平线

已经在船头显现

人们欢声雀跃

有乘客掏出手机

兴奋地与大陆对话

那神秘、愉悦的面部表情

是久别的夫妻间的情话

是远隔重洋的恋人的眷想

是子女对父母深深的思念

电信帮助人们实现沟通

　　旻宏最后一个完成。他反复读了几遍,心情很好,只等老师伸手接稿。

鸡毛信篇

这是一个发生在 1990 年的故事:

贵州省紫云县政府办公室

秘书们在打电话通知开会

一位秘书在写"通知"

信封上粘上三根鸡毛

一位 10 岁的小学生

等在办公室门口

信和 1 元钱同时递到小手中

翻山越岭的小学生

涉水过河的小学生

汗水把牛皮信封打湿透了

一元钱可以压出水来

历史已经过去
乡政府内几台电话机
干部们在向县里汇报工作
脸上的晴朗日子
让人看了也欣慰
当年的小学生已长成标致的青年
他用手机与谁在通话哩
对着镜头的笑嘻嘻的脸
走过去后,见他点头

电信帮助人们实现沟通

　　老师把三位同学的作业交换着让大家都读一读。心里高兴啊,同学们领会快,思考快,成文快,超出了老师的预期。他不准备在这里点评,让大家消化、吸收后,变成同学们自己的能量,在今后的写作中发挥出来。

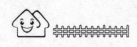

练习说明文写作的方法

任何训练都需要按部就班,说明文写作的训练也不例外。

练习说明的方法,可分三步进行。

第一步,进行"引导性"练习。在课堂上接受教师引导,读范例性说明文,听教师分析、点驳,指点写作迷津。同学是半主动地在听和读中学习,这里的"半主动",是同学可以以自个儿静读、默思,代替听讲,既不干扰别人,又不完全听教师灌输。

第二步,独自完成说明文写作。在学校教师会临堂安排短篇的说明文写作,从同学中发现优和次,当堂讲解。课后一定有写作任务,教师指定写作对象,或同学自主选择写作对象。

第三步,进行创造性综合练习。写作说明文,决不能将各种说明方法机械相加,也不能找出范文"照葫芦画瓢",必须在写作说明文中,创造性综合运用多种表达方式为说明的主体服务。在说明中处理好叙述与说明的关系,至关重要。

训练中要将方法使用和智慧创新结合起来,把原有的方法用活,还要创造出新的说明方法,适应读者新需求。

说明方法的训练中,要注意各种修辞方法的运用。比如,用比喻来说明,将抽象的东西比喻为具体形象的东西,这就运用了形象思维;用比较来说明,这种基本的逻辑思维过程在说明中很有用,通过比较能更清楚地说明事物或道理。

第五章

说明文在生活中的应用
——第五招,清楚说明文的应用场合

学习的目的在于应用,说明文是应用文的一种,检验学习效果,激发学习者的写作激情,开展写作比赛是好方法。在最大的自由空间里,让同学们创作出多种内容和形式的说明文。

昊宏的班主任是教语文的何老师。何老师发现昊宏的作文进步较快,向其他同学问了情况后,主动找昊宏问了缘由。这位老师也很有创新思想,准备在班上搞一次说明文写作比赛,他要昊宏写一份比赛的宣传广告,激发同学们学习、阅读的热情,激发同学们写作的积极性,准备请校外专家——写作学会的教授,也来参加点评,帮助同学们尽快提高。

周五接受任务后,昊宏很兴奋,回到家把"光荣任务"报告爸爸和妈妈、外婆和在外地读高中的舅舅家的姐姐。夜深了,躺在床上还在想。

干脆把想到的先写下来,再一点点改,星期一交给学校前,还能请老师朋友帮忙修改。

"对了,老师朋友本身是大学教授,又是写作学会副会长。比赛要请评委,我把他介绍给语文老师。"昊宏想好了,把电脑打开,边想边打字,不时停下来思考,再敲键盘,写写改改,也不知道是夜里几点钟了,在电脑屏幕上,展示出了这篇文章。

说明文一传到位

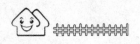

说明文写作比赛　看谁能把说明文　说清楚!

奖金:无　奖品:无　优胜者获口头表扬

同学们,有一位伟人说:"学习的目的全在于应用。"我们学习写作说明文已经好几年了。为检验我们的成果,现在发动大家参加"说明文写作比赛"。

一、本班同学全部参加。

二、收稿时间为下周一。

三、自己选择写作对象。

四、理论联系实际为准。

同学们,敢于 PK 是我们 90 后的天性!

星期六早上,也不知道是几点钟了,旻宏起床,他打开电脑,欣赏自己的佳作。想改一改,"手心手背都是肉",真不知怎样改。

安安心心过一天,等老师朋友星期天来的时候,请他再批评修改。

老师朋友提前接到电话,星期天早早就来到旻宏家。

按下电铃才几秒钟,旻宏就跑来开门了。好像专门等在门口一样。

老师端详已被打印出来的"说明文写作比赛"的广告,细细地琢磨,想想该怎样向学生说自己的意见。

"旻宏。"老师正儿八经地说,"你的进步真快,这篇广告说明文有三方面优点,有三处不足,要改进三个地方。"

老师还没说完,爱插嘴的毛病又犯上了。

"老师,三三得九,三九二十七。老师你要讲二十七条啊,讲慢点,我要记下来。"

其实,是学生自信,在开玩笑。"有三处不足,要改进三个地方,是加法,不是乘法。哪里能找出二十七条要说的哩?你就听我慢慢说了。"

"先说三方面优点。第一,文章结构完整,有标题'说明文写作比赛

看谁能把说明文 说清楚!’有副标题‘奖金:无 奖品:无 优胜者获口头表扬’,有正文,还有动员同学们参加比赛的煽动性口号。正文分两部分,前面讲了比赛的意义,后面说了比赛的标准。比赛意义中,引用了毛泽东的语录,在这个时代实在难得。后面的四条标准排列整齐,真正动了脑筋。最后一句煽动性口号,敲得很准。90后就是爱比赛,不服输。”

老师停了一下,想等旻宏插话。这次是老师输了,他没插话,在埋头记着老师的讲话。

“第二,主题鲜明、单一,传达准确。比什么,怎么比,说得很清楚。是一篇好的说明文。”“老师,我不再参加写说明文比赛,就能得奖了。”冷不丁,学生又插嘴了。打断了老师的说话。

“能不能得奖,不是一个人说了算,我还不是评委。其他同学比你写得好哩,你要戒骄戒躁,学到真功夫,不为一次比赛计较得失。”

“好,好。请老师继续讲。我继续记。”

“第三,文字简练、干净,不拖泥带水。正文的两段文字都不错,是用心写出来的,词语组织也较老练成熟。正文四点要求,一、本班同学全部参加。讲了参赛对象;二、收稿时间为下周一。讲了参赛交稿时间;三、自己选择写作对象。说了写说明文的内容和形式由参赛写作者自己定,不规定写同一对象,写同一样式的说明文,给同学们较大的施展才能的空间;四、理论联系实际为准。是对正文上一段‘学习的目的全在于应用’的具体体现。这四条,每条八个字,整齐划一。是水到渠成,还是刻意修饰,我们暂不讨论。”

“老师,休息一下吧。我把你讲的四条,记下了,让我看一看。”

“老师,你说了有三处不足,要改进三个地方。我正听着哩。”

“第一处不足,没有写作主体。是谁组织这次说明文写作比赛,没有说明白。”老师一边说,看着旻宏的眼睛。

“第二处不足,要落下发布这篇启事的时间,下周一才有一个起点。”

"第三处不足,是口号太宽泛,用到卡拉 OK 大赛也可以,用到跳绳比赛也可以。"

"这三处不足,能不能成立,你服不服气?"老师说话时,直看着旻宏的眼睛。

"要改进三个地方,我们试改一下,你看行不行?"

高一(3)班说明文写作比赛:看谁能把说明文　说清楚!
奖金:无　奖品:无　优胜者获口头表扬

同学们,有一位伟人说:"学习的目的全在于应用。"我们学习写作说明文已经好几年了。为检验我们的成果,现在发动大家参加"说明文写作比赛"。

一、本班同学全部参加。

二、收稿时间为下周一。

三、自己选择写作对象。

四、理论联系实际为准。

同学们,敢于 PK 是我们 90 后的天性! 说明文比赛就等你参加!

班委会　团支部
2012 年 10 月 8 日

老师朋友在旻宏的原稿上,头尾各添了点字,一篇启事便完成了。

这天高一(3)班教室里,写在黑板上的,是经过老师朋友改写的"征文比赛启事",同学们把课桌圈成回字长方形,大家面对面坐着。背靠黑板只排了一层桌椅,坐着教语文的何老师,学校语文教研室副主任郭老师,还有特聘的旻宏的老师朋友王老师。

组织这次比赛的是高一(3)班学生班委会和团支部,老师们作为"观察员",可以和同学们一起讨论,不提出判断性意见,也不打分,不排名次。

主持的同学是学习委员,他的助手是语文课代表。

主持人让旻宏把高一(3)班说明文写作比赛的启事读了一遍,说:"谁来开第一枪,这可是具有历史意义的啊。"

有位同学举手示意,她拿出手机,请另一同学配合,分别扮演甲和乙,用手机短信写询问对方地址的说明文。

情景是,一位对路不熟的甲同学,要到乙同学家去。

甲发短信:"你家在哪儿?"

乙:"我家在和平路。"

甲:"到你家怎么走?"

乙:"你乘什么交通工具?"

甲:"你家靠什么近? 附近有公交还是地铁、轻轨什么的?"

乙:"我家小区东边有公交75路、88路、103路,南面有地铁2号线,茶花站。啊,你住哪儿? 在附近有什么交通站哩?"

甲:"我家小区的西面有公交75路、88路,还有多少路,我记不清了。"

这时甲同学的手机响了,是乙同学打来的,"哈,你家小区西边有公交75路、88路,我家小区的东面有公交75路、88路。我们两家的小区不是在葵花路的两边吗? 你走到75路或88路对面的站牌,我来接你。"

乙:"我住路之西,你住路之东,相邻一条路,近在咫尺区。"

这两位同学念完了他们模拟的手机短信说明文,强调了写作说明文,要针对对方情况而写的重要性。

语文课何老师插话了。

"城市大了,学生往来的是'家庭—学校'的这根直线,什么街,什么路,根本不过问,因此闹了笑话。如果乙同学在第二条短信中,问清甲同学家所在小区周边的路,有一条共同的路,就不会再发几条短信和打电

话了。"

这位同学进行自我总结,结论是:用手机短信写说明文要"短"而"清",清楚的"清";问方和答方都要在清楚对方的意思后,才能准确地向对方作出准确的说明。

有位同学站起来,他写的是一段导游词:

尊敬的游客朋友们,今天我们出发参观的第一个景点,是位于贵阳市东郊乌当区东风镇的明代古建筑——协天宫。协天宫又名财神庙,距今已有500多年历史,仍然保存完好,是贵阳市近郊不可多得的一个文化旅游景点。

东风镇老街的这一座历史文化古迹——协天宫,宫中供奉关圣、财神、观音、药王等。

"协天宫"主位供奉关羽。冠以"财神殿",既有历史意义又有重要的现实意义。

关圣人对于现代人的精神神文化生活,有着什分重要的意义。凝聚在关羽身上,为后世人共仰的忠、义、勇、信、智、仁,蕴涵着中华优秀传统文化的伦理、道德、理想,渗透着儒学的春秋精义,成为道教、释教教义所趋同的人生价值观,敬重关云长,实质是推崇彪炳日月、大气浩然的华夏魂,关羽是历代民众的道德楷模和精神寄托。在现代企业的经济活动场所,沿海城市、港澳台的酒楼、茶肆、商店大多在重要位置供奉关圣人的塑像。

今天,各位要求财、求子、求平安、求健康,在协天宫都有烧香敬神灵的对象。

你们看,说话间,我们已经能看见镏金楷书的"协天宫"三个大字及雄伟的明代青砖青瓦木结构翘檐的500年前的建筑了。

这位同学边读导游词说明文,一边用手比划着,好似真有把大家带到圣地去旅游参观的感觉。

有一位同学写的是贵州关岭县坝陵河大桥的说明文。他念道：

关岭县坝陵河大桥是座现代化的斜拉式高架公路桥。这座桥从贵州安顺市关岭县到黔西南州兴仁县的关兴高等级公路，横跨在北盘江的坝陵河上，成为21世纪连接两岸的新的交通要道，这座桥是明清时代的古驿道和20世纪的滇黔公路所望尘莫及的。这一段北盘江峡谷，山势尤其险峻，水流特别湍急，河谷深切达1千米以上，令人望而生畏。要横跨这样的河谷，这座桥真够雄伟壮观。

坝陵河大桥是单跨钢桁加劲梁悬索桥，主跨1088米，桥梁全长2237米，桥面至坝陵河水面370米，是沪瑞国道主干线上镇胜高速公路的一座特大型桥梁，也是目前国内最大的悬索桥。大桥距离黄果树大瀑布风景区约7公里，全桥使用各类钢材约6.5万吨，造桥花去约14.8亿元人民币。

大桥横跨的这一段峡谷，由于人烟稀少，原始生态环境保存完好。峡谷中山青水明，草丰树茂，野猪成群，猴子嬉闹，白鹭飞舞，处处是喀斯特地貌的岩溶奇观，处处是唐诗宋词所描绘的景象。如今的长江三峡，再也听不到"两岸猿声啼不住"，再也看不到"满山红叶似彩霞"了，而这里却可以听到，可以看到。一位中国科学院的地质学家在考察了北盘江峡谷之后说："我们在长江三峡失去的一切，可以在贵州的北盘江峡谷中找回来。"一位作家也曾说："北盘江峡谷可以帮助我找回失落千年的唐诗宋词的意境。"

这位同学读完他写的说明文以后，向大家展开一幅大照片，这是坝陵河大桥的晚霞夕照。

张同熙同学则走到评委老师面前，把自己写的告白读了一遍。

说明文一传到位

告 白

本人姓张，弓长张，不是月庄脏。近因功课太忙碌，回家次数骤然减。居住小区常停水，洗澡洗衣没水用。连日高温出汗多，一天不洗都难过，身上衣裤尽数换，难挡皮肤气味汗。敬请同学要体谅，别当我是非洲汉。

察，近来有几位好事者，把我的姓名改了，把我张同熙改叫脏兮兮。

为此，本人郑重声明：同学者，共同学习也。不要挖苦同学，不要因人出现暂时困难，乘机取笑。一请你们伸出援助之手，借我东海龙王水，让我痛快洗个澡，帮我洗洗衣服，助人为乐；二请衣裤备份较多的同学，借我三两件，用毕，一定完洗归还；三是谁再叫我脏兮兮，我到他床上脏到底。

听完了张同熙的诵读，语文教研室副主任郭老师准备说说这种说明文。

有位叫王泽苑的女同学站了起来，写了篇"编者按"。她怕听的同学不理解，先解释什么是"编者按"。

"编者按，又称'按语'，它是指编者对新闻或文章所加的说明或批注，针对其中的观点或材料直接发表意见，或说明原因，或交代背景，或加以判断，或补充事实，或提出建议。按语的文字一般都极为简洁，起画龙点睛的作用。"她说。

接着，泽苑同学高声读起来。

王泽苑

本期班刊收到来稿 15 篇，其中有诗 11 篇，名人摘句 3 篇，根据本期的主题，这部分来稿实在不便于刊用。学习忙，作业多,是事实。办班刊,多交流,多展现,是全班的共同心愿。因此,本期选出前两期的备用稿,经编辑们努力,使同学们读到了这几篇切合主题的美文。班刊编辑部一如既往,欢迎同学们积极投稿,麻烦各位,请紧扣各期的主题,展现您的才华,不吝赐稿。编者

几位"观察员"露出了赞许的神色。主持同学鼓励大家再"亮剑"。

"观察员"中的何老师,以前在报社工作,他没等到下一位发言的同学,便把"编者按"这种说明文的知识,好像背书一样,一板一眼地说起来。

"按语的形式不拘,可以在新闻或文章的前面或中间,也有单独成章的,称为编者的话。我国近代中文报纸最早采用编者按的是《东西洋考每月统计传》,公元1878年7月19日,就在一条新闻后附加了近百字的按语。公元1895年,自《中外纪闻》起,近代报刊便广泛地使用'编者按'了。"

旁边的语文教研室副主任郭老师,拉了拉何老师的衣角,小声说:"别说得太远了。"

何老师接着说:"编者按大致可分为三类:一是介绍型的,介绍作者的生平,文章的写作背景和经过,以及考订、核实文章中的某些材料等等,其目的是突出文章的重点,加强宣传效果。它是编者向读者负责的表现。二是提示型的。多为报刊所采用。编者指出文章中带有普遍意义的问题,以引起读者的注意,或引导读者开展讨论。作这样的编者按,一般所按的文章要有较大的典型性。三是评论型的。编者针对原文,明确表示自己的观点,发表旗帜鲜明的议论,以启发和深化读者的思想。编者既可以赞同原文,向读者作热情洋溢的推荐,也可以反对、批驳原文,提纲挈领地指出原文的谬误,引导读者作出正确的判断。"

"小王同学写的编者按,属于哪一类,大家来定位。"

"我们读过的编者按,经典之作是毛泽东为《中国农村的社会主义高潮》一书写的按语,全书上百篇文章,几乎都有按语,有的是说明有关

说明文一传到位

情况,有的是揭示事物的意义,有的是赞扬先进批评错误,有的是指出问题和不足之处,有的是谈文章本身的语法修辞问题,有的联系到其他问题。这些按语,很尖锐很鲜明很有文采。用今天的观点来看,所谈的问题,内容上不能说完全正确,因为有它的历史局限性。但从按语写作的角度看,确是很精彩的文字,值得我们学习。同学们以后找来读一读,能为我们写好编者按这种说明文指出路子。"

何老师在喝水的时间,眼睛是看着同学们的。他接着说:"编者按的写作,首先,文字要简明扼要。内容特色可以各异,但文字都要干净洗练,要言不烦,一语中的。特别是夹在正文中的编者按,更忌冗长繁杂,拖泥带水。其次,要观点鲜明。编者提倡什么,反对什么,都要明确无误地告诉读者;含蓄、深沉、隽永之类的风格,是不宜提倡的。同时,编者按还要求有强烈的现实感。特别是提示型、评论型的编者按,要让读者从中感受到与现实生活的紧密联系。编者要向读者说什么,必须说明白。"

何老师说得虽然长了些,同学们却听得很认真。他赶快打住,以手示意主持人继续。

又有一位叫金珠纳米的同学读了篇类似"编者按"的文章,叫"本刊启事"。文字不多,她读道:

《××月刊》2012 年第 13 期 7 月上半月

本刊启事

一、投稿者注意:来稿凡经本刊使用,如无电子版、有声版方面的特殊声明,即视作投稿者同意授权本刊合作媒体进行信息网络传播及发行,同时,本刊支付的稿费包括上述所使用方式的稿费。特此通告。

二、本刊所用文字和图片,有些作者地址不详,请相关作者与本刊联系,以便奉寄稿酬和样刊。

金同学读完后,从裤兜里拿出一张纸,展开后,念起来。

班刊编辑部征稿启事

活跃班级文化生活,展示同学精神风采,班刊作用实实在在,没有稿费有面子,写稿人名字上版面。

下期班刊,主题明确,请赐半期学习心得的文章,酸、甜、苦、辣、咸均可倒出,让全班同学与作者共同品味。

观察员中的老师朋友说:"何老师,你把启事也一并说说吧。"

座位上的金同学,听见老师的耳语,顿时来了精神。

"启事,是为了说明某事而登在报刊上或贴在墙壁上的文字。比如金同学的班刊征稿启事,街道墙壁上曾贴过的寻人启事,学校食堂公告栏也常看到寻物的启事。"

"金同学的班刊征稿启事,写得很好。'活跃班级文化生活,展示同学精神风采'写出了办班刊的意义;'班刊作用实实在在,没有稿费有面子,写稿人名字上版面',写出了班刊与同学的关系。'下期班刊,主题明确,请赐半期学习心得的文章,酸、甜、苦、辣、咸均可倒出,让全班同学与作者共同品味',重点是提出了对投稿方向和内容的要求,简明扼要,兼有文采。"

"老师,启事是不是有许多种啊。"

"是的,我们经常见到的有招聘启事、招领启事、寻人启事、寻物启事、征订启事、征文启事、征婚启事、迁移启事、道歉启事等许多种。从内容到形式,它们都有些区别,但是,在写启事应注意的事项却是一样的。

第一,掌握好写作启事的格式。启事的格式大同小异。标题在第一行正中,第二行空两格写启事的内容,文后右下方是署名和日期。

第二,把握好不同启事的要求。如招聘启事,要庄重、热情,让受聘人员读后有信赖感。失物招领启事只写拾到什么东西,让失主到何处认

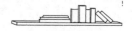

领,不必写具体数量,以免有人冒领。寻人启事要写清楚被寻者的外部特征、姓名、性别、年龄,在什么时间、什么地点、什么原因失踪的。被寻者的基本特征和联系方法都要详细交代,文中要有感激之情。寻物启事除了写明丢失物品的时间、地点、物品的名称和数量(若是钱包之类的东西,应写清大体的金额、单据名称、张数)等,有时还需写明酬金数量之类的内容,语言要明确、具体、有礼貌。征订启事要写清征订的名称、内容、性质、价格、征订方法等。征文启事必须写清征文的内容、体裁、注意事项、征文的评奖方法以及截止日期等。征婚启事无论是自拟稿子还是请人代拟,一定要如实介绍情况,要求要明确具体。迁移启事是让前来联系的人知道你已经迁往新地,所以迁移新址要写清楚街道,门牌号数,邮政编码,电话号码以及乘车路线等。道歉启事要把道歉的内容叙述清楚,要让当事人感到对方已经诚心知错。"

何老师一口气把九种启事的写作要求讲出来,他知道,同学们记不住。他补充说道:"同学们可以到学校图书馆,借本《千种文体写作》,其中有关'启事'的内容和例文,可以提供给同学们学习时参考。"

学习委员张禹琪同学听完何老师要大家到图书馆借书的事,站起来说:

"同学们、老师们,我参加说明文比赛,参赛的文章叫'内容提要'。内容提要是用于介绍图书或文章内容及特点的简要文字,又称内容说明、内容简介,也简称提要。这种内容提要确实被广泛地使用着。我把现成的资料,改写了两篇内容提要,向同学们和老师们汇报。"

《现代远程教育与大方县马场镇农民画的传承和保护》内容提要:现代民间绘画(农民画)面临失传。贵州省大方县作为第一批"中国民间绘画画乡",50 多年来,传承和发展了这一植根在少数民族民间的艺术奇葩。用现代远程教育的网络优势,这种费省效宏地传播现代民间绘画知识的方式,已成为培养现代民间绘画(农民画)人才的有效途径。

《写作技法大观》内容提要：写作能力是一种综合能力。在制约写作能力的诸种因素中，写作对象的表达能力是不可缺少的重要因素。要能够准确地生动地表达主客观事物，就必须掌握必要的写作技巧和方法，这对初学写作者尤为重要。为此，我们撰写了这本《写作技法大观》。

本书共为十个部分：感知、提炼、组合、形象、波澜、表现、辨证、论说、修饰、文体。每部分包括若干题目，一个题目一种技法，一种技法一篇文章，每篇1000多字，共介绍了写作技巧、方法500多种。原先我们给本书取的名字是《写作技巧大全》，考虑到写作技巧方法极其丰富，而且在不断地发展、变化、增加，是难以"全"的，故定名《写作技法大观》。"大观"者，丰富多彩也，500多种技法集于一书，国内还不多见，大概可以说是洋洋大观了。

《写作技法大观》由13所高校的30位专家教授集体撰稿，500多种技法是500多篇独立的文章，读者在阅读中各取所需，作为辞书和资料汇集随时查阅。

张禹琪同学念完了两篇"内容提要"，说："第一篇是我爸参加的一个教育课题，要写一篇文章，这100多字的提要，后面有4000字的正文内容。他让我这个中学生，学习写内容提要。我读了那篇文章许多遍，写的提要，改了十多遍，几乎都不是我写的了。要PK才会有提高，献丑了。第二篇是我正在读的这本《写作技法大观》，这本书有名家写了3篇序，有编者写了'后记'，没写'内容提要'，我就试着为这本89万字的书写了篇'内容提要'。请同学们、老师们批评。"

张禹琪同学坐回位置后，有好几组同学在低声说话，观察员何老师看见这种情景，想让张禹琪再补充说说有关"内容提要"的问题。

这下可好了，张禹琪把他认真准备的内容，在班上向同学们侃侃而谈。

"写作内容提要要注意以下几点：

第一,表意的明晰性。在一篇内容提要中,既要简洁明了地把作品的内容要点概括出来,防止一些不必要的套话,又要清晰准确地加以表达,让读者一看就明白提要所要说明的意思,从而对全书有一个轮廓性的了解。

第二,渲染的适度性。在内容提要中,往往要对作品的特色和作者的风格以及作品的价值意义作一些评价和渲染,以引起读者的注意。但这种渲染一定要适度,要恰如其分,切不可因个人的喜好而任意拔高。说明中要慎用一些夸张性的词语,以免留给读者哗众取宠的印象。属于故事梗概式的提要,难免对作品情节的曲折、惊险性做一些渲染,甚而制造一点悬念,但应适可而止,不能名不副实而使读者失望。

第三,语言的通俗性。内容提要的语言,除了简洁概括外,还要求通俗,这样才能获得应有的宣传效果。特别是客观诠释类的提要,介绍的都是些专业性强的著作,就不能因罗列过多的专业术语而妨碍了读者对作品的了解,应该对作品的内容、价值和意义作出通俗性的诠释,以利读者作出阅读上的选择。"

说完他补充道:"这一、二、三不是我总结的,只不过我认为说得很清楚,才在这里向同学们'推销'。"

旻宏这时代替学习委员,以临时主持人和总结发言的架势说:"关于'内容提要',我想说几句。张禹琪读的资料是书上的,我体会在写作时,第一要看读'内容提要'的对象,根据他们的需要,写他们想读到的东西;第二要对所写的'内容'很熟悉,能将'纷繁'化为'提要',说得很清楚;第三才是修辞的运用,让读者喜欢看,愉快地阅读。不对之处,请几位老师斧正。"

上次在旻宏家里用说明的方式练习写作创意,朱丽西和周来文回家后,又继续往下思考,早就写了几条创意脚本,在座位上跃跃欲试,几次举手,都没机会。作为观察员的老师,已看出来,要给他们机会。

老师接着旻宏的话音说:"朱丽西和周来文是不是有话要说啊?主持人,让他们读读他们的作业吧。"

评委老师这样说了,也应该请他们参加比赛。

朱丽西高声朗读自己的作业。

临产篇

大山丛中

依稀几户人家

夕阳渐退

静谧中

产妇发出呻吟

年轻的助产士

头上沁出豆大的汗珠

好似比产妇更焦急

堂屋里

丈夫拿着电话筒

与一家大医院的医生通话

医生说一句

他重复一句

每句话都说给助产士听

助产士按远程指导操作

一声婴儿清脆的哭声

打破山村的晨静

雾霭中

小屋飘出炊烟

两碗甜酒鸡蛋端在丈夫手中

助产士从"产房"中走出

没去接鸡蛋

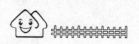
径直奔向电话机
取话筒　拨号　讲话
"教授　我们终于成功了"
小屋炊烟绕着一根电话线
袅袅飘浮

电信　帮助人们实现沟通

　　朱丽西刚读完第一篇,不待她翻页,周来文已经站起来了。还没等朱丽西坐下,周来文便高声读起来。

丛林篇

一国际旅行社的旅客
进入到原始丛林中
一些人迷路了
他们在荆棘丛中
努力寻找归路
天快黑了
野兽已经发出了警告声
一张张惊恐的脸
一国际旅行社的旅客
进入到原始丛林中
他们不断地用无绳电话
与丛林外联系着
有人在遥控他们的路径
来到心仪向往已久的胜景
一个个欣喜若狂
无绳电话响起

周来文高声朗读

这群国际旅客走出丛林

坐在旅游汽车中

身后狂风大作

暴雨打在汽车上

车里的游客们

依然春风满面

电信帮助人们实现沟通

　　这两位同学实际上准备了几条创意脚本，但在今天的场合，只能让他们各自读一条了。

　　三位观察员老师，与主持人张禹琪和旻宏商量了一下，让主持人只做此次同学们比赛积极性的小结，关于说明文具体的写作要求和技法，何老师准备留待下次上课时讲解。

　　两节课连上的说明文比赛，同学们很认真，一听说留待下次上课时讲解，就有好几人站起来伸懒腰。

　　说明文比赛后第二天五位同学相邀，要到老师朋友那里去听对"说明文PK"的意见，到了老师朋友住的小区，还有两位同学没到，他们边等边聊天。

　　旻宏早就想和同学们讨论，说明文与大家日常生活到底有什么关系。

　　"张禹琪，你先说说，早上起床后，你先看到的是什么东西的说明？"

　　"早上起床，要洗脸刷牙呀。正好我妈妈买了支新牙膏，长方形纸盒上，正面除了图形以外，从上而下是'原味清凉'、'薄荷'、'黑人牙膏'、'全新'、'双重薄荷'、'强健牙釉质'的说明字样。盒子侧面，印有成分、使用方法、注意、香型、产品标准、生产许可证编号、产地、消费者服务热线、净含量和生产许可标识、条形码等。"张禹琪说。

　　"没有这些说明性文字，谁会买这种牙膏？"

"是啊。我走进电梯里,看见了醒目的'乘坐电梯须知',电梯里一位小弟弟背着新书包,挂在上面的纸牌,写了些说明文字。因为要赶时间,我打的到学校,我坐在副驾驶位置,挡风玻璃前有一个插卡片的座子,卡片的内容是'服务公约'。这些说明文很有吸引力,在眼前设置,你不得不看。"张禹琪继续说。

"那天,我到地铁2号线去接爸爸的朋友,一路看去,路上、进站口、地下通道、站台,几乎成了'说明文的世界',且不说路边的广告牌,各种'温馨提示',指示路标,购票窗口的公告、通知,有人冷不丁送上一纸'优惠券',递到手中的塑料扇上的文字是说明文式的广告。"旻宏说,边说边掏裤兜,取出一包餐巾纸,举在手中,说:"这包礼品就是上次所获,读了上面的文字,才知我们小区旁边新开张一家餐馆,有什么优惠,在哪条路,多少号,店名叫什么,优惠从什么时间开始,是广告,更是说明文。"

"当然啰,说不明白,不是把钱白送你了。"周来文插进来说。"商店玻璃上贴的'招聘启事'、好消息、会员须知、打折信息,让买东西的人不得不看。"

"我爸爸的朋友居然送我一张'名片',名片背面上有图形和文字。"旻宏变魔术一样地摸出一张蓝色的名片,递到周文来的手里。周文来看到了背面的文字:

工欲善其事　必先利其器

《酒周刊》作为都市报的一个行业专刊,以"传播酒文化,推动酒品牌"为己任。传承中华五千年文化和文明:构筑酒文化的历史航船,发展具有民族特色的酿酒工业,促进国际酒文化交流,推动酒业发展。

栏目设置

专题策划

一周行业播报

酒文化博览

酒品鉴馆

行业解读

"这是典型的说明书嘛。你们看,老师说,说明书是说明某一问题或解释某一事物,让人了解其情况的一种公告性应用文。一般都要写明问题或事物的概况、性质等,并向读者表明态度、提出想法、希望,要求。这张名片所要告诉别人的,所要传达的,就是《酒周刊》要向别人说明的事。"还是由旻宏自己来解读他得到的这张名片。

"那天,我家收到一张大红的结婚酒宴的请柬。写明谁与谁喜结良缘、在什么时候、什么酒楼举行婚礼,敬备杯酌,恭请光临。还附了一幅位置图,注明哪些公交车可以到达。"

"我们小区的对讲门上,经常看到电力公司的通知,提醒告知该交电费了,只是在送达人处用笔填写名字,在收费员处写上名字。"

"可不是吗,在学校食堂公告栏,经常读到'失物招领',在宿舍区公告栏常读到'寻物启事'。"

"我家在外面吃饭,无论大小饭馆、餐厅、酒楼,都会为客人预备餐巾纸或湿纸巾、湿毛巾,在包装袋或包装盒上,写有这家店的地址,有的还写上特色菜,什么订座电话是不会少的。"

"是啊,有次我们到石阡县河坝场乡,在一家只有两张桌子的小饭店吃饭,店主送上来的纸巾盒上,就有一篇说明文。"不等周文来说完,旻宏插上来了。

朱丽西也不知什么时间到了。她轻轻地来,像风一样,同学们没察觉。她静静地听同学们议论。

"我收藏的什么恐龙馆参观券、地主庄园博物馆参观券、2012年亚洲青年动漫大赛入场券,乘坐长途汽车的车票、火车票背面的乘车须知,观看茅台足球队主场的门票上,到医院就诊的门诊病历本上……"旻宏

没有说完,又被周文来插上了。

他说:"我去寄特快专递,邮局人员要我先看'清单使用须知'……"

"我妈妈随同事出去旅游,带回来的《天下西江旅游服务指南》,里面逐项介绍'西江博物馆'、'苗家拦路酒'、'鼓藏头'、'活路头'、'歌舞表演'、'苗族纺纱织布刺绣作坊'、'田园风光'、'碾米房'、'西江夜景'、'娱乐场所'、'游方',还向游客介绍西江的民族旅游商品、西江食宿、西江节日等内容。"旻宏又插上来说。

"你说说,西江有哪些节日?"朱丽西对旅游兴趣很浓,她忍不住地问。

旻宏正儿八经地说起来:"西江的民间节日很多,以每年一度的吃新节、过苗年和十三年过一次的鼓藏节最为隆重。吃新节的时间,一般是在每年阴历的六月,活动内容主要有:斗牛、游方、祭祀等。过苗年分为初年、中年和大年,时间一般是在每年阴历九月至十月。节日期间的活动主要有:打糍粑、跳芦笙、杀猪、祭祀等。2010 年 11 月 10 日—22 日是西江十三年过一次的鼓藏节时间。"

"我家有一本《毕节市旅游服务指南——行走毕节》,全书 13 部分,第一部分写得很有意思,你们看。"张禹琪从包里摸出一本小册子。

毕节的历史悠久。青场镇老鸦洞新石器时代的遗迹足以证明其悠久。

毕节的山川秀丽。大新桥办事处那鲁洞天的鬼斧神工足以证明其秀丽。

毕节的风情浓郁。全国 56 个民族中,有 29 个在这里和睦相处,繁衍生息。

毕节的资源富集。初步探明的矿产资源有 20 余种,其中,煤炭远景储量达 54 亿吨以上;硫黄已打入国际市场……

毕节的农副土特产品众多。有蜚声中外的大蒜、芸豆、大白萝卜、天麻……

毕节的文化底蕴尤其是红色文化底蕴深厚。林口镇鸡鸣三省村的莽莽群山,见证过红日喷薄而出的壮丽画卷;虎踞龙盘的百花山上,飘扬过中华苏维埃人民共和国川滇黔省革命委员会的大旗……

毕节人民正以淳朴的笑容、真挚的感情、热情的服务期待着您的到来,期待着您来旅游观光、投资兴业、共创辉煌!

"真是别具一格的说明文,主题突出,语言简捷,段落清晰,用词精当,成为这本小册子的开篇第一章。"

今天旻宏背的大包里,有一本大开本的书,撑得他的书包都不能盖上了。他抽出来给大家看,是香港企业家到内地投资兴业,要招引人们入伙而印刷的精美画册。他说:请同学们看看香港人写的招商旅游景区的介绍:

中国·牂牁江

概述

牂牁江风景区位于贵州省六枝特区西部,距离六枝特区中心区 67 公里,系珠江流域、北盘江水系。面积 259 平方公里。含牂牁江景区、回龙溪景区、灞耳景区三个景区。共 112 个景点。

1995 年被批为贵州省风景名胜区。风景名胜区海拔 600～2127 米。属中亚热带季风湿润温和气候,自然风光丰富多彩,民族风情古朴浓郁,人文景观历史悠久。六枝牂牁江源于司马迁《史记》"夜郎者,临牂牁江,江广百馀步,足以行船"。

1. 牂牁江景区:主要景点有虎跳石、花雨岩巷、茅口天险、万丈赤壁等。

2. 回龙溪景区:主要景点有梭戛长角苗风情、水落洞歪梳苗风情、回龙溪、观音洞等。

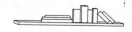

说明文一传到位

3. 灑耳景区：主要景点有滴水滩瀑布群,坝湾布依风情。

该景区不单拥有牂牁江。还拥有牂牁寨、祭王寨、大补王寨、小补王寨、阿女寨、木城村;老王山、九层山、子王坟、月亮洞;摩崖石刻,母系社会的女阴图腾,古驿道、石驿站、古井、古城墙,郎岱古镇、毛口古镇,有传说是夜郎王夏宫的南极山;有木城碑,有"文武官员至此下马"的古碑等以及出土的"青铜夜郎编钟",有在老王山绝壁月亮洞中发掘的传说是夜郎王、王妃的遗骸和陪葬的白玉拱桥、陶釜以及散落在民间的宫廷银质针线盒、青铜手镯、青铜酒杯、石兵器等文物。还有着夜郎王择都、选妃、被诱杀等等优美悲壮的传说。

牂牁江景区四面崇山峻岭,悬崖陡壁,唯有形似布袋口的打铁关一条路,大有:"一夫当关、万夫莫开"之势,历来都是兵家必争之地。宽宽的牂牁江,从千山万壑中奔腾而过,冲刷而成的奇岩怪石形成一道道独特的风景,赤壁峡谷、白玉峡谷、金条峡谷、玄武石峡谷、双猫守江峡谷,雄奇险峻。传说是夜郎王室后裔的木城村,家家煮酒、户户熬糖,浓郁的木城布依风情,加上热带蔗林风光异国情调。使牂牁景区充满了神秘诱人的色彩,是六枝特区海拔最高和海拔最低而又充满传奇色彩的风景名胜区。

原文是繁体字,许多地名用繁体字写出,同学们只好边读边猜。张禹琪读完后说:"这样漂亮的册子,居然有写得不够好的句子。与'走进毕节'相比,是有差距的。"

"这篇说明文比起老师朋友介绍给我的那篇英国旅游协会的,差太远了。"旻宏说。

三位同学讨论得忘了时间,忘了主题。老师朋友在大家没有觉察的时候,走到他们身后。

"你们到了,为什么不上去呢? 石凳子上坐着,屁股不流汗啊?"

"还有两位女同学没到,我们先在这里讨论开了。走吧,你们看,相约的时间已经到了。"

大家还没有坐下,朱丽西急急地递给老师一张纸,她说,是爸爸在的单位,听说女儿正在学习写作创意脚本,让她为爸爸单位的产品试写两条。朱丽西的纸上正是她赶出来的创意脚本。

在老师朋友家的圆餐桌旁,大家围桌而坐。师母已经泡好了一大壶菊花茶,正在为同学们倒茶时,门铃响了。旻宏起身去开门,果然是泽苑和金珠相邀而来。

老师顾不上安排同学们入座,细细地读着朱丽西写的创意脚本。

美人篇

盛大的宴会

天仙般的服务员

托盘中鸭溪窖酒和两杯窖酒

穿行间,酒杯中似有美女在晃动

酒杯在纤细修长的手中

放在雪白台布上

酒中美女的迷人舞姿

仿佛水晶宫中的龙女

婀娜、妩媚、妖娆……

宴会厅的舞台上

一位天仙般的演员

正在向人们献舞

她的身影,她的手势

都能在酒杯中看到

一长者,起立、举杯

"祝大家度过美好夜晚"

有青年人窃窃:

"酒中美人相伴,一定美好!"

说明文一传到位

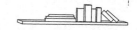

众人开怀大笑,举起的酒杯中
舞台上美女的姿态,清晰可见
标板:
"鸭溪窖酒,酒中美人"
"杯中美酒,红颜朋友"

惊扰篇

已近深夜,一老人准备就寝
这栋楼的窗户相继转黑
老人家的两只猫在跳上跳下
不安的神情显示
它俩在追求什么
桌上有两瓶鸭溪窖酒
似别人送来的礼品
一猫将酒瓶从桌上摔下
瓶破,溅起酒的水花
弄得小猫一头雾水
小猫在用前爪洗脸、舔爪子
似乎尝到什么味
它俩干脆舔地板上的酒
被酒瓶摔下声唤醒的人们
楼房的各家窗户相继转亮
几位老邻居来到老人家
敲门
熟睡的老人这才醒来
开门
几人被正在舔酒的小猫抓住目光

他们的鼻翼动了起来

充分享受这深夜的酒香

小猫跳上桌子

欲再弄翻另一瓶鸭溪窖酒

人们赶紧上前

扶住、护住酒瓶

"'鸭溪'美味,难以入睡"

　　读完后,老师朋友若有所思,暂不表态,想先听听同学们的观点。

　　"这次的说明文写作 PK 活动,是成功的。同学们基本掌握了写作说明文的要领,这是其一;联系班级的刊物的征稿做了宣传,这是其二;还向新种类的说明文进军,这是其三。有的同学将写作说明文向新的表现文体延伸,今天看到的朱丽西的创意脚本,和上次写作 PK 朱丽西和周来文几位同学的创意,真让人喜出望外,同学们这么努力,进步这么快,何老师一定很欣慰,同学们的进步和成功,就是对教师教学的肯定啊。"

　　"活动成功,有旻宏一份功劳。"张禹琪说。

　　"我们班刊编辑部准备把同学们的说明文写作作品,收集起来,做一本专集。"泽苑说。

　　"请老师朋友为我们做点评。当然,要把旻宏的'说明文写作 PK 活动广告'放在第一篇。泽苑另外再写一篇实打实的'编者按',活动中已经写好的稿子,没时间亮相的,我们也要选进专集。老师,你看行不?"

　　"好,好,好!"又是旻宏抢话了,好似代替老师回答。

　　"好什么好,老师不是太累了吗?"周来文说。"老师,你别太急,这学期还有两个月,来得及,做好以后,我们在假期中,去慢慢琢磨。"

　　老师朋友想利用这个机会,向几位同学说说,提高写作水平的问题。

　　"说明和记叙、议论一样,细分以后,写作表达的方法多种多样,主要有:定义说明法、诠释说明法、分类说明法、分解说明法、比较说明法、

比喻说明法、举例说明法、引用说明法、数字说明法、图表说明法，等等。这些方法，在写作知识类书籍中有详尽介绍，可以在假期中找来参阅。"

"老师，这些写作方法的例文，网上有很多啊。不用进书店了。"又是旻宏的快嘴。

"说明方法练习有一定的难度，可分三步进行训练。"

"第一是引导性练习。"

"这是指老师引导同学们进行说明方法的练习。对学生来说，这种方法带有半独立练习的性质。这种练习，一般是结合说明文中的短文的阅读、领会、比较，引导同学们准确认识这种说明方法的知识。练习的前提是老师已经向同学们进行了知识传播，同学们初步了解了某种说明方法的概念、熟悉某种说明方法的例文，能辨析不同的说明方法，比如能区别定义说明和诠释说明、分类说明和分解说明的不同，等等。老师在引导时，要讲清概念，用变化方式的方法进行举例，让同学们能辨析各篇范文、例文中的说明方法，然后要求同学们按某种说明方法，写出一段说明性文字。例如，学了定义说明文以后，就提供材料，让同学们当时完成定义说明文的写作练习。"

"老师，你在把我们学生当成老师来培训了。也好，我们的旻宏可以到低年级去教说明文写作了。"张禹琪趁老师说话换气的时候插话了。

"第二是独立进行单项练习。"

"有了课文的范例，有了引导性练习作前导，同学们进行独立的单项练习就不困难了。对这种练习，老师可以不再进行方法的指导，也可以不再提供材料，由同学们去独立完成，你们班的'说明文写作PK'就是同学们的单项练习，比如，向同学们布置'用数字说明法'来介绍'学校的礼堂'、'数字的家乡'这样的说明文，同学们自己就要设法获取有关数据，然后按数字说明法的技法，独立写成说明性文字。对于你们几位，一点都不难。泽苑同学的'编者按'，禹琪同学的第二篇'内容提要'就运用了'数字说明法'。

"第三是创造性地进行综合练习。"

"一篇说明文,决不是各种说明方法机械相加的产物,必须创造性地综合运用各种说明方法才能写成。要着重综合训练,帮助同学们写作出各种类型的说明文,最近同学们在学习创意脚本写作中,进步很快。你们年青,没有老套,思维活跃,敢想敢写,打好基础,一定可以提高写作说明文的能力。"

旻宏又要插嘴了,被张禹琪用手势堵回去了。

"说明方法的训练与智力训练有密切的联系。对某一种说明方法的使用,总有智力因素渗透在里面。例如,用比喻来说明,将抽象的东西比喻为具体形象的东西,这本身就包含着形象思维的因素。再如,作比较,这更是一种思维活动,比较是思维的基本过程之一,不对事物进行分析综合,就不可能比较异同,就不可能获得比较说明的技能。因此,说明方法训练应与智力训练同步,让同学们掌握说明方法的过程,变成发展智力的过程。我还建议高年级中学生和大学生读一读《创意思维法大观》这本书。纸质的书本还是很有用的。"

同学们到老师朋友家小聚以后,写作说明文的主动性更强了,也把写出不同小类的说明文,当成一种自觉的写作行动。

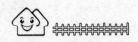
学会运用说明文

我们生活在说明文中间,听广播、看电视,读报纸杂志,找药治病看说明书,到旅游景点,看乘车须知……我们太需要说明文了。

学习说明文是为了实际运用,在用中学习,不仅能巩固所学,更能提高写作水平。只有到"水"中去游泳,才能学会游泳,这是许多教师重复了多遍的"说教",因为它是真理,所以我们还要重复它。

116

结 束 语

新学期，班干部要改选，班主任老师同意同学们的方案，重新报名、自我推荐、预选演讲、投票产生，在这几个程序后产生新的班干部集体。

泽苑写了份"自荐信"。

我们班级，不能没刊；既是学生，不能不写。本人鄙陋，志向高远。愿为班集体，奉献己之力。课余收稿件，编稿当休息。厘清原作意，再学习。去掉芜存杂字，彰其精彩内神。要与别班比，还数我第一。大家说：泽苑行不？

经过改选的几个程序，泽苑同学凭"仿《陋室铭》自荐信"，在班会上高票再次当选"班刊主编"。

这学期期中，班级要举办"学习成果展览"，班委们发动大家写"学习成果展览解说词"。到了交稿的时间，收到了三篇不同的"解说词"。

尊敬的老师们、同学们，本班在教育部门的正确领导下，在学校党组织和校委会的直接领导下，在班主任老师的具体领导下，在班级团支部和班委会的组织下，在全班同学的共同努力下……

尊敬的老师们、同学们，本班取得的成绩，有目共睹。这里的展出，希望得到老师们、同学们的指点，让我们更好地学习……

说明文一传到位

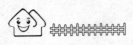

尊敬的老师们、同学们,本班这次教学成果展,将展出图片25幅,照片78张分为5组,48位同学的作业本和读书笔记约10万字,请老师们、同学们随意参观。这间小小的教室,装不下我们的成绩。

老师们、同学们,要更多地了解我们,本班同学们就在附近,随时恭候您的询问。谢谢!

哪一篇能被选中,这里不发表意见,由读者您来选择!

为了布置展室,班委会把同学们分成几个小组,每个组拿出一个创意,在周末班会上报告,按胜出者的创意布置展品。旻宏、张禹琪、周文来、朱丽西、金珠、泽苑正好各在一组,这下有好看的了。经过一周的准备,何老师请来了写作说明文 PK 赛的"观察员",让同学们投票,并将同学们投票的结果和老师投票相结合,选出一份好创意。

评选好创意,是凭各组写出的创意说明。创意说明能反映各组的说明文写作能力。

这次的"班级教学成果展创意汇报"与上次"说明文写作 PK"差不多,由几位组长报告创意说明,课桌的摆放和上次一样。

由抽签排出了汇报的顺序。

"老师们、同学们:下午好。我们组的创意是,由班里的金嗓子担任解说员,每位同学站在自己的作业旁,随时准备接受参观的老师和同学的询问。教室里布置干净整洁就行,请泽苑同学画一幅欢迎参观的宣传画,班主任老师在出口处,请参观的老师和同学在留言簿上留下意见。"朱丽西抽到1号,讲完后回到座位上。

"老师们、同学们:下午好。思路决定出路,好创意会带来好效果。我们组的创意是,那天我们班的同学都不穿校服,女同学穿上最漂亮的衣裳和长裙,男同学穿白衬衣,打黑领结,深色西裤,皮鞋铮亮。女同学表现新时代的学生如百花园中的花朵,男同学的衣着表现优雅高贵,今后必有大的作为。"金珠同学报告他们组的创意。

　　"老师们、同学们：下午好。展览当时，把我们的班歌光碟反复播放，由班级调音师控制音量，参观的老师们、同学们刚进教室的时候，音量稍大些，参观过程中，要如轻音乐般放出，使参观的老师和同学，仿佛进入愉快学习的殿堂，在轻松的艺术天地里看照片，看文字说明，翻看作业或笔记。"周文来轻声地说出他们的创意。

　　"欢迎听取我们组的创意，把图片和主要的文字做进 PPT 中，作业和笔记拍成照片，做成电子相册，借一台投影仪，在教室的白墙上播放幻灯片。解说当然是金嗓子金珠同学，画图当然是泽苑同学，泽苑的钢琴伴奏的班歌，放在片头，片长 10 分钟，让参观者用 10 分钟能全面认识我们班的教学成果。"旻宏用一个手势结束他的汇报。

　　"老师们、同学们：下午好。参观那时，我们全班同学在班主任何老师带领下，列队欢迎前来参观的老师和同学们。教室中只留四位同学，形成一个随意参观的寂静环境，让参观者有眼观和思考的空间，不随便打扰他们，当他们需要帮助时，分布在教室四角的同学及时到位，随时帮助他们解决问题。"张禹琪说出他们组的创意。

　　只有泽苑这个组了，教室中特别安静。泽苑走上讲台，取出一张 A3 纸，上面画着教室四周和用桌椅围成的双回线路展览线，用彩色分别表示图、文、照片、实物。她说："我们组的创意都在图中，请老师和同学们审议。听了前面五组的创意，各有千秋，各有侧重，取长补短，优化组合，最好的创意就会产生。"说完后，老师朋友带头，一阵掌声送泽苑回到座位。

　　何老师示意请老师朋友讲话。几位老师事前有约定，老师朋友是教授，评论站得高，与同学们是等距离交往，没情感因素的干扰。

说明文一传到位

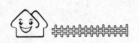

老师与王泽苑、旻宏在讨论

　　"《中国广告大词典》中有'广告创意'的词条,共分五段,第一段这样写道:'广告创意是贯穿在广告策划全过程中,为了确立和表现广告主题'的一种创造性思维活动。换言之,创意是使广告传播达到广告目的的富有创造性的新奇的'主意'、'点子'、'意念'。"

　　"我们将词典的词条也归为说明文,因为它是为说明一个词而写的文字,能达到说明事物的情况或道理。读完'广告创意'词条,我们就懂得了'创意'。今天是创意碰撞,是'头脑风暴',也是检阅同学们应用说明文文体,表达你们的创意的一次创意 PK。同学们中从来就不缺少创意,大家看,你们这间教室的布置就很有创意,英语角、班刊栏、警示语,有序地占有教室的空间,也在同学们的心间。"老师朋友稍停了一下,把目光移到泽苑的座位上。

　　"你们学习课文《春江花月夜》时,泽苑就有一个好创意,请你们班琵琶弹奏高手,用它的悠扬乐音将同学们带入'春——江——花——月——夜'的意境,何老师以入情入景的朗诵,带领同学们领略了张若虚心中的、笔下的美文美景美情。听说,还全程两台摄像机录像,有机会让我也跟着同学们上一堂课。"老师朋友也感到有些"走题"了,赶快回到创意 PK 的正题上。

"从创意角度看,同学们这些富有创造性的新奇的'主意'、'点子'、'意念'都很好。能执行操作,付诸实施的就是好主意。展览的主题确定了,同学们也是展品啊,应该是接受参观的主要对象,参观不能见物不见人,图、照片、作业、笔记,还有那么多奖状,是同学们创造的,会参观的人一定要与你们这些创造者交谈,才能使物化了的成绩活起来。"

老师朋友就是老师朋友,他把话题又拉回到说明文写作中来了。

"我是你们的朋友,因而要向你们讲真话,在我们的生活中、工作中与说明文的关系太密切了。从早晨刷牙到晚上就寝,都有说明文在伴随,周末外出要了解目的地的情况,在旅游中听导游解说,生病服药要读说明书,看电影之前要知道剧情,读大部头书先读提要,阅读报纸看编者按或编后(说明),在家中学做家常菜,要读菜谱,拾得物品或丢失物品,要写失物招领或启事,你们的父母在工作中,经常接触情况说明、科技说明等,在广告已进入我们的所有空间的时代,创意说明又进入我们的学校生活……"稍稍停顿了一下,老师朋友提高嗓门说:"同学们,在学校读书期间,学会了、学好了说明文写作,在阅读别人写的说明文中明白事理,今后会生活得更有质量,工作会更有成就。"

老师赶紧喝了口茶,继续说:"我要向同学们隆重推荐,请大家花点时间,读读这几篇很有看头的说明文。它们中有状物写景的说明文,有写物颂人的说明文,有与古代名人同题的说明文。常言道'好书不厌千回读,熟读深思乃自知'。这既是讲读书,也是讲交友,在与你们班旻宏同学的交往中,我在读一本'新书',也需要'熟读'和'深思'呀。"

说明文一传到位

水经注·三峡

郦道元

自三峡七百里中,两岸连山,略无阙处;重岩叠嶂,隐天蔽日,自非亭午夜分,不见曦月。

至于夏水襄陵,沿溯阻绝。或王命急宣,有时朝发白帝,暮到江陵,其间千二百里,虽乘奔御风,不以疾也。

春冬之时,则素湍绿潭,回清倒影。绝𪩘多生怪柏,悬泉瀑布,飞漱其间。清荣峻茂,良多趣味。

每至晴初霜旦,林寒涧肃,常有高猿长啸,属引凄异,空谷传响,哀转久绝。故渔者歌曰:"巴东三峡巫峡长,猿鸣三声泪沾裳!"

译文

在三峡七百里江流中,两岸高山连绵不绝,没有一点中断的地方;重重的悬崖,层层的峭壁,遮蔽了天空,如果不是正午和半夜,就看不见太阳和月亮。

到了夏天,江水漫上丘陵的时候,下行和上行的航路都被阻绝了,不能通行。有时遇到皇帝有命令必须急速传达,早晨从白帝城出发,傍晚就到了江陵,这两地可是相距一千二百多里呀!即使骑上快马,驾着风,也不像这样快。

到了春天和冬天的时候,白色的急流,碧绿的深潭,回旋的清波,倒映着各种景物的影子。高山上多生长着姿态怪异的柏树,悬泉和瀑布在那里飞流冲荡。水清,树荣,山高,草盛,真是妙趣横生。

每逢初晴的日子或者结霜的早晨,树林和山涧清凉和寂静,常有在高处的猿猴放声长叫,声音接连不断,凄凉怪异,空旷的山谷里传来猿叫的回声,悲哀婉转,很久才消失。所以三峡中的渔歌唱到:"巴东三峡巫峡长,猿鸣三声泪沾裳!"

作者简介

郦道元(约470—527),字善长。汉族,范阳涿州(今河北涿州)人。北朝北魏地理学家、散文家。仕途坎坷,终未能尽其才。他博览奇书,幼时曾随父亲到山东访求水道,后又游历秦岭、淮河以北和长城以南广大地区,考察河道沟渠,搜集有关的风土民情、历史故事、神话传说,撰《水经注》四十卷。其文笔隽永,描写生动,既是一部内容丰富多彩的地理著作,又是一部优美的山水散文汇集。可称为我国游记文学的开创者,对后世游记散文的发展影响颇大。另著《本志》十三篇及《七聘》等文,已佚。

点评

注,作为一种文体,是属于说明文中一种解释经书意义的文字。古代注释经书的文字还有"传"、"笺"、"解"、"章句"等名目,后世通称为"注"。郦道元的《水经注·三峡》,是解释三峡地貌、水势、两岸风物的文字,以极洗练的文字写了三峡的春夏秋冬,生动地说明了三峡之美。

说明文是以说明为主要表达方式来说明事物、阐明事理的文章。是一种介绍事物的形状、构造、类别、关系、功能,解释事物的原理、含义、特点等,给人们以知识的文章。

说明文的功能表明首先是它有实用性,写作的全部目的在于它要达到实际有用的目的。《水经注·三峡》是郦道元考察三峡而为《水经》写作的注。

郦道元为何要为《水经》作注呢?在他自己序文中就写道:古代地理书籍,《山海经》过于荒杂,《禹贡》、《周礼·职方》只具轮廓,《汉书·地理志》记述又不详备,而一些都、赋限于体裁不能畅所记述。《水经》

说明文一传到位

一书虽专述河流,具系统纲领,但未记水道以外地理情况。他在游历大好河山时所见所闻十分丰富,为了把这些丰富的地理知识传于后人,所以他选定《水经》一书为纲来描述全国地理情况。正如王先谦所说,郦道元注《水经》的目的在于"因水以证地,即地以存古"(《王先谦合校本序》)。还有,郦道元认为地理现象是在经常变化的,上古情况已很渺茫,部族迁徙、城市兴衰、河道变迁、名称交互更替等等都十分复杂,所以他决定以水道为纲,进而描述经常变化中的地理情况。

由此可知《水经注·三峡》的实用性。

说明文具有科学性,写作要准确,实事求是地表达清楚要说的事或理。

郦道元正是因为《水经》历经沧桑,水道变故,名字易称,需要准确的实地考察后的新材料注《水经》,目的在于"因水以证地,即地以存古"。他就力之所及,搜集了有关水道的记载和他自己游历各地、跋涉山川的见闻为《水经》作注,对《水经》中的记载以详细阐明并大为扩充,介绍了1252条河流。注中除记载水道变迁沿革外,还记叙了两岸的山陵城邑、风土人情、珍物异事。写《三峡》,除了自然风物,还写了"有时遇到皇帝有命令必须急速传达,早晨从白帝城出发,傍晚就到了江陵,这两地可是相距一千二百多里呀! 即使骑上快马,驾着风,也不像这样快。"还写了收集到的渔歌。

核舟记

魏学伊

明有奇巧人曰王叔远，能以径寸之木，为宫室、器皿、人物，以至鸟兽、木石，罔不因势象形，各具情态。尝贻余核舟一，盖大苏泛赤壁云。

舟首尾长约八分有奇，高可二黍许。中轩敞者为舱，箬篷覆之。旁开小窗，左右各四，共八扇。启窗而观，雕栏相望焉。闭之，则右刻"山高月小，水落石出"，左刻"清风徐来，水波不兴"，石青糁之。

船头坐三人，中峨冠而多髯者为东坡，佛印居右，鲁直居左。苏、黄共阅一手卷。东坡右手执卷端，左手抚鲁直背。鲁直左手执卷末，右手指卷，如有所语。东坡现右足，鲁直现左足，各微侧，其两膝相比者，各隐卷底衣褶中。佛印绝类弥勒，袒胸露乳，矫首昂视，神情与苏、黄不属。卧右膝，诎右臂支船，而竖其左膝，左臂挂念珠倚之——珠可历历数也。

舟尾横卧一楫。楫左右舟子各一人。居右者椎髻仰面，左手倚一衡木，右手攀右趾，若啸呼状。居左者右手执蒲葵扇，左手抚炉，炉上有壶，其人视端容寂，若听茶声然。

其船背稍夷，则题名其上，文曰"天启壬戌秋日，虞山王毅叔远甫刻"，细若蚊足，钩画了了，其色墨。又用篆章一，文曰"初平山人"，其色丹。

通计一舟，为人五；为窗八；为箬篷，为楫，为炉，为壶，为手卷，为念珠各一；对联、题名并篆文，为字共三十有四；而计其长曾不盈寸。盖简桃核修狭者为之。

……

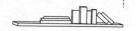

译文

　　明朝有个手艺奇妙精巧的人叫王叔远,他能够用直径一寸的木头,雕刻出宫殿、杯、盘、碗、碟等生活用具、人物,甚至于飞鸟走兽、树木、石头,全都是按照材料原来的形状刻成各种事物的形象,各有各的神情和姿态。他曾经赠我一只用桃核制成的小船,(刻的)应当是苏轼游赤壁(的情景)。

　　船从头到尾大约八分多一点,大约有两个黄米粒那么高。中间高起而宽敞的部分是船舱,用箬竹叶做的船篷覆盖着。旁边开着小窗,左边右边各有四扇,共计八扇。打开窗户来看,雕刻着花纹的栏杆左右相对。关上窗户,就看见右边刻着"山高月小,水落石出",左边刻着"清风徐来,水波不兴",用石青涂在刻着字的凹处。

　　船头坐着三个人,中间戴着高高的帽子胡须浓密的是苏东坡,佛印位于右边,黄庭坚位于左边。苏东坡、黄庭坚共同看着横幅的书画卷子。东坡右手拿着画幅的右端,左手轻按在鲁直的背上。鲁直左手拿着画幅的左端,右手指着画幅,好像在说什么似的。东坡露出右脚,鲁直露出左脚,都略微侧转身子,他们互相靠近的两膝,(即东坡的左膝、鲁直的右膝,)各自隐藏在卷子下边的衣褶里(也就是说,从衣褶上可以看出相并的两膝的轮廓)佛印和尚极像弥勒佛,袒着胸脯,露出乳头,抬头仰望,神情跟苏、黄两个人不相类似。佛印卧倒右膝,弯曲着右臂支撑在船上,竖着他的左膝,左臂上挂着一串念珠靠在左膝上——念珠可以清清楚楚地数出来。

　　船尾横放着一支船桨。船桨的左右两旁各有一名撑船的人。位于右边的撑船的人梳着锥形发髻,仰着脸,左手倚着一根横木,右手扳着右脚趾头,好像在大声呼叫的样子。位于左边的撑船的人右手拿着一把蒲葵扇,左手抚摸着火炉,炉上有一把水壶,眼睛正视着茶炉,神色平静,好像在听茶水烧开了没有的样子。

　　船的顶部较平,就在上面刻上名字,文字是"天启壬戌秋日,虞山王毅叔远甫刻",字迹细得像蚊子脚,勾画清楚明白,颜色是黑的。还刻着一方篆刻图章,文字是"初平山人",颜色是红的。

总计一只核舟上,刻了五个人;刻了八扇窗户;刻了竹篷、船桨、火炉、水壶、手卷、念珠各一件;对联、题名和图章的篆字,刻的字共三十四个,可是计算它的长度竟然不满一寸。原来是挑选长而窄的桃核刻造的。

……

作者简介

魏学洢(约1596—约1625),字子敬,明朝嘉善县人,是当地有名的秀才,也是一代明臣魏大中的长子,著有《茅檐集》。

点评

用说明为主要表达方式,写一件物品的形状、构造,如《核舟记》这样细致,让读者在品读该文中,自然会对说明的对象物发出惊叹的赞赏。

写作说明文的要求:"一、概念要准确,判断要正确,区分要清楚;二、客观地说明,排除自己主观趣味和倾向;三、按事理规律,条理分明地逐项逐条推进。"《核舟记》真实地说出了桃核上刻着的5个能准确地认出来的人,刻出了中间戴着高高的帽子胡须浓密的苏东坡;苏东坡、黄庭坚共同看着横幅的书画卷子。东坡右手拿着画幅的右端,左手轻按在鲁直的背上。鲁直左手拿着画幅的左端,右手指着画幅,好像在说什么似的。刻出了他们的手和手中之物,身上的衣褶,佛印卧倒右膝,弯曲着右臂支撑在船上,竖着他的左膝,左臂上挂着一串念珠靠在左膝上……念珠可以清清楚楚地数出来。实际上我们欣赏"核舟"上的雕刻,正是在赏读作者的说明有序,逐一展现,客观叙说,按要说明的重点、次重点,再到"船尾"的两位撑船人的姿势和一人"若啸呼状",大声呼叫的样子,另一烧水人"若听茶声然",在听茶水烧开没有的样子,用说明的方式,把静止的人物写得动态自如,我们没有眼福亲自看到这一枚核舟,只有读明代文人魏学洢《核舟记》的福分,也只有通过作者的说明文,让我们认知了明代奇巧艺人王叔远的雕刻技艺。

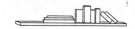

说明文 一传到位

盐商万雪斋家

吴敬梓

牛玉圃同牛浦上了船，开到扬州，一直拢了子午官下处，道士出来接着，安放行李，当晚睡下。次日早晨，拿出一顶旧方巾和一件蓝细直裰来，递与牛浦，道："今日要同往东家万雪斋先生家，你穿了这个衣帽去。"。当下叫了两乘轿子，两人坐了……

当下走进了一个虎座的门楼，过了磨砖的天井，到厅上。举头一看，中间悬着一个大匾，金字是"慎思堂"三字，旁边一行："两淮盐运使司盐运使荀玫书"。两边金笺对联，写："读书好，耕田好，学好便好，创业难，守成难，知难不难"。中间挂着一轴倪云林的画，书案上摆着一大块不曾琢过的璞，十二张花梨椅子，左边放着六尺高的一座穿衣镜。从镜子后边走进去，两扇门开了，鹅卵石砌成的地。循着塘沿走，一路的朱红栏杆。走了进去，三间花厅。隔子中间，悬着斑竹帘。有两个小么儿在那里伺候，见两个走来，揭开帘子，让了进去。举眼一看，里面摆的都是水磨楠木桌椅，中间悬着一个白纸墨字小匾，是"课花摘句"四个字。

——选自《儒林外史》

作者简介

吴敬梓（1701—1754），字敏轩，号粒民，安徽全椒人。因家有"文木山房"，字以晚年自称"文木老人"；又因自家乡安徽全椒移至江苏南京秦淮河畔，故又称"秦淮寓客"。清代伟大小说家，著有《儒林外史》、《文木山房文集》。

点评

小说作品中，少不了要用说明这种表述手段状物、写人、描景。

说明和叙述、描写、抒情、议论这五种表达方式，各有不同用法。文学类文体和实用类文体都要用到这几种表达方式。文学作品以叙述、描写、抒情为主，实用文章以说明、叙述、议论为主。面对不同的文体，要根据表达的不同需要，有所侧重地运用这五种表达方式中的一种或几种。

吴敬梓的《儒林外史》中就有多处使用了说明这种表述方式，其中"盐商万雪斋家"的状物，就是一篇精致的说明文。

第一段写到万雪斋家之前的事，第二段写到了万雪斋家的局部所见。用说明的表述方式，写出盐商万雪斋这户人家的富有。居室环境的说明，是为表现人物的思想、性格、身份的。盐商万雪斋客厅的金字堂名"慎思堂"，对联"读书好，耕田好，学好便好，创业难，守成难，知难不难"，画幅，璞玉，相对排开的十二张"花梨椅子"（一般人家的客厅，客座只排四张椅子，这里特别写出是十二张，足以表现厅堂之大，平时来客之多，议事之重要），"穿衣镜"特别强调是"比人还高"，等等。这一切豪富奢华的家室陈设，巧妙地表现了万雪斋骄奢而附庸风雅的庸俗性格。达到了运用说明的技法，为表现人物，交代背景，叙述故事做好铺垫的目的。

清代小说家吴敬梓创作的章回体长篇小说《儒林外史》，全书共56回，约40万字，描写了近200个人物。是我国清代一部伟大的现实主义的长篇讽刺小说，大约在公元1750年前后，作者50岁时成书，用了吴敬梓20年的时间。小说主要描写封建社会后期知识分子及官绅的活动和精神面貌，假托明代，实际反映的是清代康熙乾隆时期，科举制度下读书人为争功名的生活。作者对生活在科举制度下的封建文人的成功塑造，以及对科举、礼教和腐败事态的生动描绘，使小说成为中国古代讽刺文学的典范，也使作者吴敬梓成为中国文学史上批判现实主义的杰出作家之一。

在《盐商万雪斋家》中所用的说明手法，是作者在全书的主题统率下的一枝一叶，"一叶落而知秋"，以一户盐商家的屋宇、室内摆设，为写作人物服务，足可见高手写作"一枝一叶总关情"。

泉城秋色

刘 鹗

到了铁公祠前,朝南一望,只见对面千佛山上,梵宇僧楼,与那苍松翠柏,高下相间,红的火红,白的雪白,青的靛青,绿的碧绿,更有那一株半抹的丹枫夹在里面,仿佛宋人赵千里的一幅大画,做了一架数十里长的屏风。正在欣赏不绝,忽听一声渔唱。低头看去,谁知那大明湖业已澄净的同镜子一般。那千佛山的倒影映在湖里,显得明明白白。那楼台树木,格外光彩,觉得比上头的一个千佛山还要好看,还要清楚。这湖的南岸,上去便是街市,却有一层芦苇,密密遮住。现在正是着花的时候,一片白花映着带水气的斜阳,好似一条粉红绒毯,做了上下两个山的垫子,实在奇绝。

——选自《老残游记》

作者简介

刘鹗(1857—1909),字云抟、公约,又字铁云,号老残,清末小说家,江苏丹徒人。他一生从事实业,投资教育,著有《老残游记》、《〈老残游记〉续》等。

点评

《老残游记》清末中篇小说,是刘鹗的代表作,流传很广,被鲁迅先生评为晚清四大"谴责小说"之一,翻译成多国文字,在国内外影响巨大,被联合国教科文组织认定为世界文学名著。小说以一位走方郎中"老残"的游历为主线,对社会矛盾开掘很深,尤其是他在书中敢于直斥清官误国,清官害民,指出有时清官的昏庸并不比贪官好多少。这一点对清廷官场的批判是切中时弊、独具慧眼的。

从学习写作说明文的角度,我们可以从这段《泉城秋色》的节选中,领略到要说明一处景色之美,可以从哪儿下笔。泉城秋色之美,不胜枚举,这里说出的只是站在铁公祠前面,朝南一望,远眺近观,把眼前的秋之美的泉城告诉读者。

说明中表述直观,层次分明。先说远处的千佛山,"仿佛宋人赵千里的一幅大画,做了一架数十里长的屏风",因为"正在欣赏不绝,忽听一声渔唱",才低头看去,"谁知那大明湖已澄净的同镜子一般。那千佛山的倒影映在湖里,显得明明白白。"湖的南岸,上去便是街市。"那楼台树木,格外光彩,觉得比上头的一个千佛山还要好看,还要清楚。"这种转折相当自然。读者在字里行间欣赏到了立体画面,而且是配"乐"欣赏的。

《老残游记》的艺术品位甚高,仅以《泉城秋色》说明性语言色彩鲜妍,开合有致便可证明。节选的《泉城秋色》,说山色,五彩缤纷,说湖光,明净可爱;说梵宇僧楼,苍松翠柏,高下相间,有立体感;写色彩,红的火红,白的雪白,青的靛青,绿的碧绿,更有那一株半抹的丹枫夹在里面;写倒影,因湖水平静,千佛山的倒影映在湖里,显得明明白白。那楼台树木,格外光彩,觉得比上头的一个千佛山还要好看,还要清楚。

写景色的说明文,达到这种水平,实在是高。

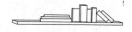

说明文一传到位

威尼斯

朱自清

威尼斯(venice)是一个别致地方。出了火车站,你立刻便会觉得,这里没有汽车,要到那儿,不是搭小火轮,便是雇"刚朵拉"(Gondola)。大运河穿过威尼斯象反写的 S;这就是大街。另有小河道四百八十条,这些就是小胡同。轮船象公共汽车,在大街上走;"刚朵拉"是一种摇橹的小船,威尼斯所特有,它那儿都去。威尼斯并非没有桥,三百七十八座,有的是。只要不怕转弯抹角,那儿都走得到,用不着下河去。可是轮船中人还是很多,"刚朵拉"的买卖也似乎并不坏。

——选自《欧游杂记·威尼斯》

作者简介

朱自清(1898—1948),号秋实,字佩弦,江苏扬州人,现代著名散文家、诗人、学者、民主战士,主要著作有散文集《匆匆》、《欧游杂记》、《背影》等,诗集《雪朝》(与人合著),文艺论著《诗言志辨》等。

点评

朱自清的散文,清水出芙蓉,天然去雕饰,文如其人名。

他用散文介绍威尼斯这座水上城市,直奔主题,简明扼要,开宗明义第一句就是:"威尼斯(venice:)是一个别致地方。"接着写出别致在哪儿呢?"这里没有汽车",回答人们出行怎么办?"这里没有汽车,要到那儿,不是搭小火轮,便是雇'刚朵拉'(Gondola)。"如果不坐船又怎么走呢?"威尼斯并非没有桥,三百七十八座,有的是。只要不怕转弯抹角,哪儿都走得到,用不着下河去。"说得多么明白。

要说威尼斯的别致,文中不写"水城"二字,却写"大运河穿过威尼斯象反写的 S;这就是大街。另有小河道四百八十条,这些就是小胡同。"人们出行可以在船上"走大街,穿小胡同":"轮船象公共汽车,在大街上走;'刚朵拉'是一种摇橹的小船,威尼斯所特有,它哪儿都去。"表述得很直观,精准到"小河道四百八十条",桥有"三百七十八座"。说得明明白白。

朱自清的《桨声灯影里的秦淮河》、《春》、《绿》、《荷塘月色》、《匆匆》、《背影》等真是脍炙人口,这篇《威尼斯》短文,人们并不熟悉。1931年底,朱自清将他近一年的欧洲旅游见闻写成散文集《欧游杂记》、《伦敦杂记》。作者写下杂记,一为自己备忘,二为读者介绍自己的感受,带读者"神游"。这篇《欧游杂记·威尼斯》让读者身临其境,替读者着想,用实情回答读者会边读边思考的问题。作者的写作技巧高明之处,是面对威尼斯特别多的河道,作者不把这点直接说出来,而是以一位刚到威尼斯来的旅客的最初印象来说明,贴切自然,作者并不刻意求工,文字表达得确实韵味无穷。读了这篇短文,感觉特别清新,对作者要说明的这座城市,都会有明确的认识。

竹器　竹趣

王多明　蒲莲芬

到赤水市旅游，离不开竹。

近60万亩竹林遍布全市，无论你走到哪里，举目望去，是竹林、是竹海；在城市或乡村人家做客，主人摆上桌的菜中，一定有竹笋、竹荪之类能让主人有炫耀机会的菜肴；宾馆的宴席上，旅游景区的餐桌上，有用竹筒煮的饭，用竹叶包的黄粑，用竹根水酿的酒……在赤水市看不见用木材做的一次性筷子，几乎所有要用筷子的地方，都使用竹筷。

赤水市里行驶的长安"面的"，座位上垫着如麻将块的竹凉席，驾驶员身边的挡风玻璃前，总有一两件用竹做的小工艺品。就是这些在"面的"里看见的竹制小工艺品，引发了我俩在赤水市的几天里，在会议午休，在旅游小憩，都要钻头觅缝地去拜访那些出售竹制小工艺品的商店和摊点。

南正街有四家，西内环路有三家，市府路有一家，这八家都是我拜访不止一次的竹制品店，规模最大的要数市政府前面的市府路星泰商店。说规模大，营业面积也不过80平方米，但这家店经营的竹制品多达140多种。南正街的这四家，营业面积不足20平方米，每家的竹制品近百种。西内环路赤水大酒店内的新宇竹业公司，获国家商检合格证，准予竹制地板出口欧、美、东南亚九国，在国内外享有盛名。这家店竹制工艺品不多，但竹地板，竹制楼梯及栏杆，竹制餐桌和靠背椅，竹制面板、砧板、擀面杖都是特色产品。

在几家竹制品小店，我在那里一站就是几十分钟或一小时，小店生意好时，站的位置打挤了，我退出店外，看着这些外地游客在细心挑选他们看中了的工艺品，与店主讨价还价。待他们满意地买走后，我又回到店里,一件件地挨着欣赏,以饱眼福。

挂在侧墙上,让人进店或在街上行走,就能看见的是一些较大件的竹器,几位浓密的虬须寿星正看着你笑,他们高耸着隆起的光亮的前额,那笑容让人心里甜蜜蜜的,那一大堆虬须和浓而粗的眉毛,促使我伸手取下来就近看个清楚。寿星的背后,是竹节最密的竹根,我以为是人工粘上去的虬须,原来是竹根自身的须根。

放在货架上的,让人能一眼就看到的,是那一字儿排开的 9 把竹扇,从一寸二寸三寸,到八寸九寸,依次排队把扇面撑开,放在竹制的扇托上。扇面上精心绘出写意的"腊梅傲雪"、"月湖倒影"、"竹影稀疏"、"高山飞瀑"等图,在我流连间,买了一把七寸扇和一把二寸扇。

在寿星老人旁边,放着四五个用短截竹筒雕刻加粘贴制成的苗、布依、瑶族少女的头像。刮得溜花的脸上放着光,眼、鼻、嘴唇是用竹块粘上去的,头饰是采用竹筒边沿雕出的,她们那一双大耳环,也是用细竹筒或细竹篾编成的,风能吹动它们,晃晃的,能抓住顾客的视线。

玻璃柜台上,能放竹制品的地方都堆满了。

有用竹片做的小船,上面有渔翁,撑了两张帆。有竹筒做的两只胖小猪,两手一拉,它们分开了,手一松,又依然嘴对着嘴。有用竹筒做的一对对小水桶和竹扁担。用竹片做的"镇纸",拿在手里还沉沉的,上面书写的对仗句,耐人寻味。有一套用细竹篾编成的工艺护瓷茶具,我用米达尺去量那竹篾,两条竹篾仅有一毫米。细细的篾青染上色编出图案,或鲤鱼戏水,或二龙抢宝,或雄狮腾舞,或熊猫吃竹,托在手上,既可以使盛茶的瓷杯不烫人,又让人能去观赏这些令人叫绝的篾条编织画。用小竹板镶成的竹拖鞋,鞋面脚大拇指的地方,还特意挖出一个小坑,让它定位,在鞋底两条前后方向的竹条上特意粘上带齿的橡胶带,防止穿上打滑。竹筒做的杯子、笔筒、小碗,竹片做的首饰盒,水果盘、小板凳,小竹块编成的凉席、凉垫子,竹篾编成的凉帽、风铃、小动物,竹根雕出来笑容可掬,大腹便便的弥勒佛,或站或坐或躺,配上用竹根雕空后做成的木鱼和敲木鱼的竹棒,可整盒销售,也可单件购买。粗壮的竹根或竹筒

制成的蒸饭用的甑子配上乘饭用的竹勺、竹碗、竹碟、竹筷、竹酒杯，又形成了餐饮系列配套服务的用品。

正当我看得眼花缭乱，一把长 6 寸、宽 3 寸的小竹躺椅抓住了我的目光。做得小巧玲珑，用手一压，它会前后晃荡，将衬条收回，它可以折成平板的，衬条稍作调整，能使躺椅的角度发生变化，我数了做成小躺椅的竹条，有 50 条之多，雕刻着一只熊猫食竹图的躺椅的面，是用中间穿通细铁丝的小竹条制成，可以透空的，能够变换角度活动的竹条连在一起，让"人"可斜躺、直坐或平睡，底下两边是做成下弦月式的，中间镂空的，可供上下晃动的"脚"，十三对竹销钉做成各个关节处的联结点，使小躺椅收、折，变换角度灵活自如。这把竹椅让我爱不释手，问下价来，四元钱就买走了。

大件的竹制工艺品，柜台上，橱柜里是放不下的，打开有近两米宽的大幅竹扇，有十七或十八片大竹雕刻出的古诗词书法竹挂，有用竹片做底，小块竹板镶拼成的艺术品壁画，这些竹壁画可谓千姿百态，风情万种。有小女孩撑伞上学；有小狗跳起来，想获得小男孩手中的食物；有苗家女担水进寨门；有傣家竹楼和流淌的小河；有朝阳爬上山坳，路边小屋正炊烟袅袅；有恋人坐在长凳上的背影；有飞瀑从天而降，水柱打在岩石上溅出水珠；有圆月倒影在湖中荡漾，一只小船靠在湖边，船上依偎着一对男女；有宽阔河面上赛龙舟，人人奋勇划桨的动人场面……竹片、竹块在艺术家手中成了绘画的点、线、面元素，由它们组合成惟妙惟肖的各个画面，都是有生气的、能呼之欲出的立体画面。

用极细的竹篾条编成的工艺画帘，更是别有一般风情。上下有幅轴，中间的画是彩色细篾编成的，有山水画，有宗教里的神仙，有凡人的生活场景，大幅的有五六尺长，小幅的也有二三尺长。

赤水的竹被加工成能为人们衣、食、住、行、玩耍服务的工艺品，深入人们生活的各领域，让人在游玩中体会竹的韵趣、味趣、乐趣。

欣赏这些竹器，让我忍不住掏钱买了好几件，我拿在手中，就再不想放下的小玩意儿。

在写这篇回忆文章时,我有一种遗憾的感觉:买了这些小玩意时,就怕在旅途和回程中难得拎上拎下,麻烦极了。当时想了又想,省了又省,将好几件想买但最终没买的,还给了店家。回到家中,提笔写文章时,觉得当时态度不坚定,如果买下了,今天就不会后悔。不过话又说回来,上百件竹制工艺品真的都买回来,放在家中什么地方?难道要在贵阳开一家竹器工艺店,把赤水市的小竹器全搬到贵阳来凑趣?

从赤水市旅游归来,我更想念竹。

作者简介

王多明教授,年届七旬,出版有《中国广告大词典》、《新策划写作及解读》等广告、策划书籍 22 种,《新闻文体与写作技巧》等新闻学著作 2 种,文集 1 种,共计 800 余万字。系中国广告协会学术委员,贵州省写作学会副会长。

蒲莲芬,前贵州雄昕广告策划公司董事长。

点评

这是两作者参加写作学会到赤水市采风,被收入《赤水情韵》散文集中的一篇文章。

《竹器 竹趣》以说明见长,细致地介绍了赤水市卖竹器的商店的各种竹制工艺品,用写实的说明手法,将作者对工艺品制作人的敬意蕴涵其中。

普通的竹,的确不普通。竹可以当木柴烧火煮饭,竹可以当篱笆围鸡栏,竹可以当扁担挑东西,竹篾做的席子围起来,可收纳粮食……竹在人们的衣食住行中,都能充当重要角色。把竹做成艺术品,让人在受用竹的普通功能时,获得美感的体验,这就要凝聚技艺人员的智慧和辛勤劳动了。

这篇旅游散文,用了几种不同的说明技法,为说明文写作提供了一篇范文。

说明文一传到位

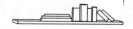

　　"用竹片做的小船,上面有渔翁,撑了两张帆。有竹筒做的两只胖小猪,两手一拉,它们分开了,手一松,又依然嘴对着嘴。""用极细的竹篾条编成的工艺画帘,更是别有一般风情。上下有幅轴,中间的画是彩色细篾编成的,有山水画,有宗教里的神仙,有凡人的生活场景,大幅的有五六尺长,小幅的也有二三尺长。"采用了平实的说明,不用夸张,不用虚拟,实打实地说。

　　"这些竹壁画可谓千姿百态,风情万种。有小女孩撑伞上学;有小狗跳起来,想获得小男孩手中的食物;有苗家女担水进寨门;有傣家竹楼和流淌的小河;有朝阳爬上山坳,路边小屋正炊烟袅袅;有恋人坐在长凳上的背影;有飞瀑从天而降,水柱打在岩石上溅出的水珠;有圆月倒影在湖中荡漾,一只小船靠在湖边,船上依偎着一对男女;有宽阔河面上赛龙舟,人人奋勇划桨的动人场面……竹片、竹块在艺术家手中成了绘画的点、线、面元素,由它们组合成惟妙惟肖的各个画面,都是有生气的、能呼之欲出的立体画面。"这种文艺性说明,罗列多种画面,让读者能增加对竹壁画的兴趣。

　　"一把长6寸,宽3寸的小竹躺椅抓住了我的目光。做得小巧玲珑,用手一压,它会前后晃荡,将衬条收回,它可以折成平板的,衬条稍作调整,能使躺椅的角度发生变化,我数了做成小躺椅的竹条,有50条之多,雕刻着一只熊猫食竹图的躺椅的面,是用中间穿通细铁丝的小竹条制成,可以透空的,能够变换角度活动的竹条连在一起,让'人'可斜躺、直坐或平睡,底下两边是做成下弦月式的,中间镂空的,可供上下晃动的'脚',十三对竹销钉做成各个关节处的联结点,使小躺椅收、折,变换角度灵活自如。"采用了具体的说明方式,对竹躺椅每一零部件都做了细心观察,让竹躺椅收拢、撑起、摇晃,数了共用多少片竹后才写出的。

　　写作说明文,作者心中要有读者,一定要以代眼人姿态,将作者眼中的物写清楚,让读者读后,能在脑子中留下此物的影像,产生对此物的兴趣。

移步换形法

王多明

古人许印芳在《诗法萃编》卷六下里说:"盖诗文之所以足贵者,贵其善写情状……情状不同,移步换形,中有真意。"他的意思是凡写得成功的诗或文章,都在于善于写出真情和性状。这情状因事物情况的不同,作者每每移动一步,所面临的情况皆有不同。原来的情形会改换,只有依发展的规律、变化的真态,理顺思绪,写出真意,诗文才能成功。

移步换形往往用在游记的写作中,要求作者的记游每到一处,能开拓出新的景观,展现一处处不同的景色,别开生面,让读者目不暇接。

我们仅以蹇先艾的《记阳明洞》为例,看看他如何引导我们"移步换形"去观赏阳明洞的。

游记的前几个自然段,作者介绍了"阳明洞是贵州著名的古迹之一",阳明洞的来由与变迁,直写到国民党用它来囚禁张学良将军,解放后,"阳明洞才获得了再生。"

阳明洞距修文县城三里,在蓑衣坡后,远望树木翁郁的龙冈与绿草芊绵的蓑衣坡紧紧相连,走近了,才知道,它们中间还横隔着一段马路。通往阳明洞的道上,洋槐高耸,绿柳成行,枝叶随风摇曳。龙冈横亘在阳明公社一大片水势汪洋的田边,显得巍然突出。参天拿云的大树,有一半都是从嶙峋的丛石缝中长出来的,把小山深密地遮掩着。在山下仰望,满目葱茏,看不清山上的房屋。……顺着坎坷不平的曲径登山,山风拂拂地吹着,那些老林也像浪涛一样地呼啸起来。我们的视线首先接触的是何陋轩,一间长条形、小格子窗户的老式屋子,地势较高,要登十几步石级才能上去……

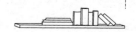

何陋轩右侧下方,就是阳明洞。这个古洞高朗轩敞,深广都有好几丈,显得那么苍老、怪奇,苔痕斑斓,野草丛生;有些从岩缝中钻出来的小树,盘曲在嵌然相累的岩石上。另外有一小洞门通往后山。洞顶石钟乳累累下垂,有的像展翅的鸷鸟,有的像奔突的猛兽,有的像淡淡的云霞,有的像团簇的花朵,凤舞龙蟠,姿态百出。王阳明在诗中曾经这样描绘过他的洞府:"白云晚忆归岩洞,苍藓春应遍石床。"

穿过君子亭下鹅石铺成的小径,我们低头弯腰走进了树枝低垂的梅林,虽是空林,但枝柯交叉着,构成了一座天然的棚架,这是游人往宾阳堂必由之路。宾阳堂的小院落很幽静,有一殿一堂。堂是一个吊脚楼,明窗净几,门外悬持"宾阳堂"匾额,用了《尧典》"寅宾出日"的典故。凭窗远望,青山、水田、石桥、茅舍,历历映入眼底,我们仿佛走进了一幅水墨画图。……

作者顺着游踪,从远而近地将阳明洞及周围的一幅幅画面展示给读者,这就是移步换形的技巧。移动脚步,变换景物画面。作者在文尾末句所写:"我写这篇文章的目的不过是为了'导游'而已。"读完文章,感觉不仅限于文墨的欣赏,实要感谢作者带我们"神游阳明洞",字里行间透出作者观察的细微,抒写的流彩,对古迹的依恋,对传播文化者的崇敬。这些是运用"移步换形"法表现出来的。不仅写好"形",更重要的是通过"形"来传"神"。

许多优秀的游记文章都能充分运用移步换形的技巧,董味甘在《独得之乐,意兴盎然——谈李健吾〈雨中登泰山〉》中说:……记游写景的文字,往往沿着游览的过程来写一路上的所见所感,线索单纯而又清楚。本文描写泰山风光,就是这种移步换形的写法,登山的路线交代得清清楚楚,起岱宗坊、经虬在湾,进七真祠,穿过一天门,趟过径石峪,出柏洞,走壶天阁,登黄岘岭,到二天门,爬十八盘,上南天门。好像导游一样,使人一看就能明白无误地跟踪前进,一道进入一个个佳境,一道领略泰山雨中的奇丽风光。

董先生在这里对"移步换形法"的含义和作用作了准确的说明。

作者简介
略

点评
这篇文章是《写作技法大观》中收入的一种技法。《写作技法大观》的介绍在本书第五章的"《写作技法大观》内容提要"中作了说明。介绍写作技法,"说明"这种表达方式是应当先选择的。

同学们要通过写作训练提高写说明文的水平,记游写景是较普通又便行的一种方法。上学路上,访亲探友,专程旅游……都会见识各种景物,老师布置作业写景状物;或几位同学相邀,如朱自清和俞平伯当年同游秦淮河那样,相约各写一篇同题的《桨声灯影里的秦淮河》,写好后大伙儿在一起相互阅读别人的文章,从中受启发,长进自己;也找找别人的不足,引以为鉴;再找写作教师点评,不排名次,只为鼓励。这种训练方式是大有裨益的。

推荐阅读篇目：

1. 中国石拱桥（茅以升）

2. 陈景润的房间（徐迟《哥德巴赫猜想》）

3. 庐山（丰子恺《庐山面目——庐山游记之一》）

4. 鲨鱼（海明威《老人与海》）

5. 相国寺（姚雪垠《李自成》）

6. 岳阳楼记（汪曾祺）

参考文献：

《千种文体写作》袁昌文、刘胜俊主编　学苑出版社　1993 年

《中国语文文体词典》刘志勇、彭淑珍、文恽编著　四川大学出版社　1989 年

《中国文体学辞典》朱子南主编　湖南教育出版社　1988 年

《广告与说明书》张家鸾著　吉林人民出版社　1987 年

《作文教学原理》杨成章著　福建人民出版社　1987 年

《文笔精华》秦似主编　广西人民出版社　1982 年

《写作技法大观》袁昌文主编　贵州教育出版社　1991 年

《中国广告大词典》王多明、孔炯主编　中国广播电视出版社　2009 年

图书在版编目(CIP)数据

说明文一传到位 / 王多明编著. —贵阳:贵州人民出
版社,2013.9(2021.3 重印)

ISBN 978 - 7 - 221 - 11365 - 8

Ⅰ.①说… Ⅱ.①王… Ⅲ.①说明文 – 写作 – 中小学
– 教学参考资料 Ⅳ.①G634.343

中国版本图书馆 CIP 数据核字(2013)第 201379 号

说明文一传到位

王多明　编著

出版发行	贵州出版集团　贵州人民出版社	
地　　址	贵阳市中华北路 289 号	
责任编辑	徐　一	
封面设计	连伟娟	
印　　刷	三河市腾飞印务有限公司	
规　　格	850mm × 1168mm　1/16	
字　　数	80 千字	
印　　张	9.5	
版　　次	2014 年 7 月第 1 版	
印　　次	2021 年 3 月第 2 次印刷	

书　号:ISBN 978 - 7 - 221 - 11365 - 8　定　价:25.00 元

"快乐阅读"书系首批书目

语文知识类

秒杀错别字

点到为止

      ——标点符号的正确使用

当心错读误义

      ——速记多音字

错词清道夫

巧学妙用汉语虚词

别乱点鸳鸯谱

      ——汉语关联词的准确搭配

似是而非惹的祸

      ——常见语病治疗

难乎？不难！

      ——古汉语与现代汉语句法比较

作文知识类

议论文三步上篮

说明文一传到位

快速格式化

      ——常见文体范例

数学知识类

情报保护神——密码

来自航海的启发——球面几何

骰子掷出的学问——概率

数据分析的基石——统计

文学导步类

中国诗歌入门寻味

中国戏剧入门寻味

中国小说入门寻味

中国散文入门寻味

中国民间文学入门寻味

文学欣赏类

中国历代诗歌精品秀

中国历代词、曲精品秀

中国历代散文精品秀

语言文化类

趣数汉语"万能"动词

个人修养类

中国名著甲乙丙

世界名著 ABC